Doris von Rabenstein

Die Gier steckt in dir

Rediroma-Verlag

Bibliografische Information der
Deutschen Nationalbibliothek:
Die Deutsche Nationalbibliothek
verzeichnet diese Publikation in der
Deutschen Nationalbibliografie; detaillierte
bibliografische Daten sind im Internet über
http://portal.dnb.de abrufbar.

ISBN 978-3-98527-771-1

Umschlagillustration: LightField Studios
(shutterstock.com)

www.rediroma-verlag.de
13,95 Euro (D)

Warnung
Dieses Buch ist nicht für Menschen unter 18 Jahren geeignet.
Des Weiteren kommen explizite Sexszenen und Praktiken darin vor. Lest dieses Buch nur, wenn ihr auch bereit dazu seid.
NICHT JUGENDFREI!

Doris von Rabenstein ist ein Pseudonym.

Hinter diesem Pseudonym stehe ich, die Autorin Regine Sonnleitner. Mein Entschluss, ein Pseudonym zu verwenden, hat mit der Abgrenzung meiner anderen Werke zu tun. Jedoch möchte ich mich nicht verstecken.

Ich bin 1969 geboren und lebe in Nordrhein-Westfalen. Mit diesem Buch möchte ich auf eine Facette des Lebens aufmerksam machen, die oft verschwiegen wird und bei vielen Menschen im Inneren feststeckt. Doch auch diese Facetten gehören dazu. Die versteckten, geheimen Wünsche zu erleben, auszuleben und die Träume und Sehnsüchte auch umzusetzen, gehört wie vieles andere zum Leben und bereichert es, wenn man offen dafür ist.

Ich beschäftige mich mit den einzelnen Facetten des Lebens und finde immer das helle Licht, auch wenn es noch so von Dunkelheit umlagert ist. Mein Leben war nicht immer leicht, doch ich stehe heute noch hier und lache und erlebe in vollen Zügen das Leben, denn Aufgeben war nie eine Option für mich. Auch die sexuelle Facette des Lebens zu Papier zu bringen, war für mich ein fester Entschluss, denn auch diese gehört zum Leben dazu.

Ich bezeichne mich selbst gerne als weiße Hexe, mit einem Raben auf der Schulter mit weitgespreizten Flügeln. Lachend auf dem Feld stehend, die Arme weit ausgebreitet, dem Himmel entgegen. Frei in meinem Wesen und meinem Tun.

Die weiße Hexe verkörpert die Magie und Verbundenheit zur Erde und ihren Lebewesen mit heilender Kraft.

Der Rabe verkörpert das Mystische, das Verbotene als Lichtbringer. Seine Botschaft lautet: Ich sehe deine tiefsten Wünsche. Ich bringe sie mit dir an die Oberfläche und lasse sie Wirklichkeit werden.

Jeder Mensch hat sexuelle Fantasien im geheimen Inneren, doch sie auszusprechen und auszuleben ist ein Tabuthema. Auch in einer Partnerschaft bleibt das den meisten versagt, weil sie sich nicht trauen, diese Wünsche zu äußern, die Fantasien miteinander zu teilen und sich gegenseitig zu offenbaren.

Es geht nicht um einfachen Sex oder um schnelle Befriedigung. Es geht um Fantasien, Wünsche, Vorstellungen, tiefe Gefühle und am Ende um Entspannung, Erlösung und das Gefühl der Freiheit für Körper, Geist und Seele.

Die gewählte Schreibweise hat ihren Grund, um in die Vorstellung einzutauchen und selbst dabei zu sein. Die Gedanken und Sinne werden sich darauf einstellen. Auch macht es Freude, mit dem Partner zusammen die Geschichten zu lesen, die Reaktionen des Gegenübers zu beobachten, darüber zu sprechen und vielleicht umzusetzen.

Es ist ein kleiner Einblick in Möglichkeiten, sich selbst seine Fantasien ein zu gestehen und offen dafür zu werden. Es gibt kein Tabu, keine Abartigkeiten und keine Verbote – solange man offen darüber spricht und auf die Wünsche des Partners eingeht.

Die Magie in meinen Geschichten soll das Verbotene widerspiegeln und auch dazu anregen, es auszuleben.

Denn was verboten erscheint, kommt ans Licht.

Inhaltsverzeichnis

Hexenplatz

Der Hexenplatz ist bei dunkler Nacht von sanftem Schein umgeben. Hier sitzt das Hexlein heute Nacht und schwimmt in ihren Träumen.

Dort ist der zweite Stuhl besetzt von ihrem Weggefährten. Fledermäuse besuchen sie, um sie sanft zu streicheln, trösten das Hexenherz und trocknen ihre Tränen.

Tapfer fängt sie an, ihr Leid zu verbergen.

Sie baut Stein für Stein die Mauer wieder auf. Jeder Stein ist ein Unikat, davon sind viele feucht von Tränen. Doch ihre Hände stehen nicht still, magisch gleiten sie entlang, um ihr Erfüllung zu geben.

Die Magie der Nacht gibt ihr die Kraft, ins Traumland einzutreten und voller Gier die Lust mit ihrem Hexer zu erleben.

Kleine Einführung

Sexualität ist im heutigen Zeitalter immer noch ein Tabuthema. Was hinter den Türen passiert, bleibt verborgen. Meine Geschichten kommen aus Traumfantasien, die jedoch in die Realität umsetzbar sind. Doch Vorsicht, bei manch einer Praktik gibt es wichtige Regeln und vor allem setzt es immer voraus, dass man mit dem Partner darüber spricht. Ich habe mich dazu entschieden, einige Anhänge mit Hinweisen am Ende diverser Geschichten einzufügen. Beachtet sie und geht es gemeinsam an. Das Alter spielt keine Rolle, denn man ist nie zu alt, um seine sexuellen Gedanken zu leben. Es gibt keinen Unterschied zwischen Alt und Jung, wenn es um körperliche Befriedigung geht. Oft sagen wir: „Ich bin zu alt dafür." Doch ist dies nicht oft nur eine frustrierende innere Stimme, die uns dazu bringen möchte, unsere inneren Fantasien zu unterdrücken? Wilden Sex haben an den verschiedensten Orten. Ausgefallenen Sex, das Tabu zu erleben. Wir belügen uns selbst und merken es nicht mal. Wir schieben den Stress im Alltag vor, um hier unseren Körper und unsere Gedanken auszubremsen. Wie oft hören wir und sagen selbst zum Partner: „Ich habe keine Lust."

Fangt an, auf euren Körper und vor allem eure Sinne zu hören. Lasst eure Fantasien, euer Kopfkino und das was verboten scheint ans Licht. Sexuelle Befriedigung, Orgasmen und Leidenschaft sind ein wichtiger Aspekt für psychische und körperliche Gesundheit.

Es geht nicht immer um Liebe, auch sexuelle Befriedigung kann berauschend sein. Lebt es aus. Wenn ihr das Glück habt, dass auch noch Liebe im Spiel ist, dann nehmt es an und seid glücklich – denn perfekter geht es nicht.

Nun taucht ein in ein Potpourri von sinnlichen, mystischen und verruchten Geschichten und Gedichten. Begleitet die Hexe und ihren Hexer in die Welt der Begierde. Denn wer hätte nicht gerne eine feurige Hexe oder einen leidenschaftlichen Hexer zwischen den Laken?

Hey – und ihr dürft es gerne ausprobieren. Viel Spaß.

Nebelekstase

Kilometer an Kilometer legt der Lkw zurück. Draußen scheint der Mond, die Luft ist nebelig und die Scheinwerfer bahnen sich ihren Weg durch den Dunst. Die Landschaft vor dem Fenster erscheint unwirklich. Der Moderator im Radio wünscht gerade eine gute und sichere Fahrt durch die Nacht und dann erklingen die ersten Töne eines Songs über das Leben aus dem Radio. Irgendwie falsch und doch passend für diese nebelige Nacht. Leben ist Nebel und Nebel ist Leben.

Konzentriert auf die Straße lauschst du dem Song, als du eine zarte Berührung an deinem Nacken spürst. Das Fenster ist einen spaltbreit auf und du schließt es, als ein Schauer dir über den Rücken fährt. Es fühlt sich an, als würden Nägel deine Haut berühren. Kopfschüttelnd schiebst du es auf die nebelige Nacht vor dem Fenster. Doch dieses Gefühl lässt dich nicht los. Jetzt spürst du die Finger deinen Hals nach vorne wandern. Ganz sachte legen sie sich um deine Gurgel und streichen daran entlang. Du greifst dir an den Hals, doch da ist nichts. Verwirrt schüttelst du den Kopf. Deine Hände wandern zurück zum Steuer, als eine flüsternde Stimme erklingt. „Lass deine Hände auf dem Lenkrad, konzentriere dich auf die Fahrt und fühle.“

Kurz schließt du die Augen, doch schon eine Sekunde später reißt du sie wieder auf. Lebensgefahr, schreit dein Kopf. Doch Nächte wie diese finden ihre eigenen Gedanken und Wünsche in der Stille der Dunkelheit.

Sanft gleiten die Finger über deinen Hals in dein Hemd. Zwei Knöpfe stehen vorne offen. Du trägst es gerne so, wenn du fährst. Nichts Enges am Hals. Weitere Knöpfe gehen auf. Du spürst es und doch blickst du weiterhin auf die Straße. Dir ist, als hätte die Stimme dich mit ihrem Befehl gefesselt. Du kannst dich nicht bewegen, außer nach vorne zu blicken, deine Hände fest auf dem Lenkrad. Langsam gleiten die Hände tiefer. Sinnliche Schauer begleiten ihren Weg. Lippen legen sich an deinen Hals und du spürst die Feuchtigkeit und Hitze, die sie hinterlassen, als sie sich einem Weg nach vorn bahnen und den Händen folgen. Sanft streicht Haar dein Kinn. Dein kleiner Freund regte sich schon lange und du hast das Bedürfnis, ihn zurechtzurücken, doch der Befehl fesselt dich ans Steuer. Der damit verbundene süße Schmerz lässt dich aufstöhnen. Zischend ziehst du den Bauch ein, als die Fingernägel über ihn tiefer wandern und die Lippen dein Piercing erreichen, das du an der Brustwarze trägst. Ein Biss, sanft und doch fest, lässt dich aufjapsen. Dein Blick hängt gefesselt auf der Straße vor dir. Du hörst das Brummen deines Lkws wie im Traum, das Lied rückt in weite Ferne. Dein nächster Gedanke lässt dich fast loslachen. Gut, dass ich keinen Gürtel trage, denkst du, als die Hände den Knopf deiner Hose öffnen, was Erleichterung mit sich bringt. Sanft gleiten die Hände tiefer. Die Lippen hinterlassen eine feuchte Spur auf deinen Körper. Ein leichter Klaps an deiner Hüfte lässt dich deinen Hintern anheben und deine Hose wird nach unten gezogen. Endlich – du stöhnst tief auf – frei, kein Druck mehr und doch ein Druck, der dir den Atem zu rauben scheint.

„Fahr weiter“, erklingt die leise Stimme. Du hast gar nicht gemerkt, dass dein Fuß vom Gaspedal gerutscht ist und dein Lkw langsamer wird. Sogleich korrigierst du diesen Fehler, doch es fällt dir schwer. Du rückst dich etwas zurecht, spürst die kalte Luft des Gebläses, das über deinen Schwanz streift, der hart und an der Spitze glänzend, zwischen deinen Beinen emporragt.

Deiner Lust unterworfen erwartest du die nächste Berührung, die sogleich folgt. Von unten kratzen Nägel, die dir wie Krallen erscheinen, an deinem Schwanz hinauf und umschließen ihn. Du atmest mit einem befreienden Stöhnen aus, als du schon die Lippen fühlst, die sich um deine Eichel schließen, und die Zunge, die deine Spitze streift. Deine Hände verkrampfen sich am Steuer. Du möchtest den Blick senken. Das Bedürfnis, hinzusehen, nimmt überhand und doch kannst du nicht. Es lässt dich frustriert aufstöhnen und der Druck in deinem Kopf nach Erlösung wird größer. Mittlerweile zittert dein Körper und Schweiß überzieht deine Brust und die Tropfen perlen deinen Körper entlang und jagen dir zusätzlich Schauer über den Rücken. Deine Beine öffnen sich von alleine, fallen auseinander. In diesem Augenblick denkst du an den Tempomat und lachst auf. Schnell drückst du den Knopf. Erstaunt, dass du die Hand kurz vom Lenkrad nehmen konntest, liegt sie schon wieder wie festgeklebt darauf. Deine Hüften wölben sich den Lippen entgegen, die sich um deinen Schaft schließen. Du spürst ölige Finger an deinen Hoden nach hinten gleiten und in Erwartung rutscht du etwas nach vorne, um den Zugang besser zu gewähren. Atemlos hast du das Bedürfnis, die Augen zu schließen, doch es geht nicht, denn der Gedanke an die Straße hält sie offen. Lustschmerzen ziehen durch deinen Körper. Das Verbot, nicht hinzusehen, nicht danach zu greifen, nicht zu wissen, was als Nächstes kommt, erregt dich bis an die Schmerzgrenze. Laut stöhnst du auf, das Bedürfnis der Erlösung, zu schreien, nimmt überhand. Ein Finger drückt auf deinen Afterring und du gehst fast in die Luft, so intensiv ist die Erregung. Deine Fingerknöchel treten weiß hervor, verkrampft am Lenkrad. Der Nebel vor der Scheibe wird dichter und deine Augen starren hinein, doch dein Kopf ist kurz vor der Explosion. Die Lippen bearbeiten dein Glied, die heiße Zunge zwirbelt und das leichte und feste abwechselnde Saugen lässt deine Säfte kochen. Haare kitzeln deinen Unterleib und deine Schenkel. In Gedanken siehst du den Kopf zwischen deinen Beinen, heiße Lippen, die dich umschließen, doch hinschauen kannst du nicht. Die Gefühle nehmen überhand. Der Finger an deinem Hintern drängt tiefer. Ja, genau … das ist es. Das Kribbeln fängt in deinen Zehen an und bahnt sich einen Weg durch deinen Körper. Deine Lustsäckchen kochen und schmerzen mittlerweile von dem Druck, der sich aufgebaut hat. Dein Blick auf die Straße verschwimmt. Nein – das darf er nicht, doch du kannst dich unmöglich auf die Straße konzentrieren. Im Unterbewusstsein nimmst du wahr, dass dein Lkw steht. Leise erklingt die Stimme: „Schau mir in die Augen."

Wie von Geisterhand senkt sich dein Blick hinein in grüne Augen, in deren Tiefen du zu ertrinken drohst. „Komm für mich – jetzt." Flüsternd kommt der Befehl und dein Körper reagiert. Der Druck des Fingers in deinem Inneren, die Lippen um deinen Schwanz und die Augen, die deinen Blick festhalten, lassen dich schreiend explodieren. Dein Körper erzittert und der Schweiß rinnt dir herunter. Du blickst immer noch in diese Augen und deine Hände sind verkrallt am Steuer, als sich dein Herzschlag langsam beruhigt. Süße Wellen der Erlösung lassen deinen Körper erschauern. Die Augen verblassen und du hebst den Kopf und blickst aus dem Fenster. Still steht dein Lkw am Straßenrand, vor ihm ziehen die Nebelschwaden entlang. Unheimlich und kalt sehen sie aus und doch ist da dieses Erlebnis. War es Wirklichkeit oder Fiktion? Du blickst an dir hinunter, wirfst den Kopf zurück und lachst herzhaft los.

Auf deinem Bauch, ein lachender, zwinkernder Smiley, darunter ein Satz: „Gruß von der Nebelhexe."

Hinweis:
Es wird in einigen Fantasien die Praktik der G-Punkt Stimulation (Prostatamassage) beim Mann vorkommen.

Die Finger werden hierfür in den Anus des Mannes eingeführt, dort kann mit einer leichten Massage die Prostata/Vorsteherdrüse massiert werden, die zu einem intensiven Orgasmus führt. Dabei ist sie recht klein. Sie ist nicht größer als eine Kastanie. Sie setzt sich zusammen aus Muskelfasern sowie verschiedenen Drüsen. Hat man sie erst einmal gefunden, ist sie sehr leicht zu ertasten. Durch zartes kreisförmiges Umrunden reizt man sie. Durch die Reize entsteht ein Pulsieren in den Harnleitern und die Muskeln der Prostata ziehen sich zusammen. Bei einigen Männern sorgt schon diese Stimulation für einen Orgasmus.

Achtung: Hier immer viel Gleitgel benutzen und sanft vorgehen. Wer sich jedoch darauf einlässt, wird ein besonderes Erlebnis erleben. Natürlich für beide Partner.

Denkt bitte nicht, ihr habt eine schwule Ader, weil ihr vielleicht Gefallen daran findet. Dies ist nicht der Fall. Probiert es aus, lasst euch darauf ein und vor allen ist es auch noch gut für die Gesundheit der Prostata, diese kleine Massage.

Hexenmagie

Du kniest vor mir. Deine Hände sind unter dir fixiert. Dunkelheit, durch den Seidenschal über deinen Augen.

Ausgeliefert, unterworfen deiner Lust erwartest du die meine. In verlangendem Vertrauen auf meine Verantwortung lässt du dich fallen für die absolute Befreiung. Spürst meine Hand auf deiner Haut, zärtlich und bestimmend. Was erwartet dich?

Gefesselt liegst du vor mir, deine Schenkel gespreizt. Spürst meine Zunge an deinem Po und meine Finger verrichten ihr lustvolles Werk.

Wellen durchlaufen deinen Körper und streben dem Höhepunkt entgegen.

Gierig gleitet meine Lust in dich, dominiert dich, gibt dir das, was du brauchst – das, was dich erfüllt.

Verlust von Kontrolle,
Verlust jeder Zurückhaltung.

Unterworfen meiner Macht treibe ich dich höher hinauf.

Dein Körper zittert, dein Herz galoppiert. Festgekettet im Käfig deiner Ekstase, empfängst du den Schmerz meiner Zärtlichkeit.

Hexenmagie, unverfälscht und echt.

Morgengruß

Im Halbschlaf nehme ich wahr, wie Hände sanft über meinen Körper gleiten. Ein Schauer überzieht meinen Rücken. Ich halte die Augen geschlossen und konzentriere mich auf die Hände, die an meinen Brüsten verweilen. Träume ich? – Bloß nicht die Augen öffnen. Ich halte ihn fest, diesen Traum. Zwischen meinen Beinen spüre ich die Feuchtigkeit und reibe meine Beine aneinander. Meine Hüften bewegen sich, fordern die Hände auf, tiefer zu gleiten. Lippen legen sich auf meine Brust und eine Hand wandert über meinen Bauch hinab. Unbewusst halte ich die Luft an – in Erwartung. Sanft ziehen die Lippen an meiner Brustwarze. Meine Konzentration weiß nicht, auf was sie sich zuerst legen soll, und bringt mich zum Stöhnen. Eine Hand wandert tiefer, erreicht mein Lustzentrum und streicht mit sanftem Druck über meinen Kitzler. Wie von Geisterhand gehen meine Beine auseinander und gewähren den Zugang. Meine Hüften heben sich den Fingern entgegen, auf der Suche nach mehr. In diesem Augenblick spüre ich die Zähne, die meine Brustwarze zwischen sich nehmen und leicht zubeißen. Fest presse ich die Augen zu und lege den Kopf in den Nacken – nein, bloß nicht öffnen. Ich muss diesen Traum festhalten. Es ist, als hänge mein Leben davon ab. In diesem Augenblick wandert die andere Hand zu meiner Kehle und umschließt sie. Ich japse auf und Nässe strömt aus mir hinaus. Fest halten mich die Hände und die Lippen am Bett. Der Druck des dazugehörigen Körpers, das pralle Glied, das an meine Hüfte drückt, steigert meine Erregung um ein Vielfaches. Mein Bewusstsein legt sich auf die Hand zwischen meinen Beinen, als die Lippen dem Weg nach unten folgen. Heiß streift der Körper an mir hinab und ich recke mich dem entgegen. Die Hand an meiner Kehle verweilt und hält meinen Kopf gestreckt. Es stört mich nicht, im Gegenteil, es erleichtert mir, mich dem entgegenzustrecken, was kommen mag. Ich lechze nach Fingern, die in mich eindringen und mein Inneres füllen. Doch sie streichen nur darüber, verwehren es mir, ausgefüllt zu werden. Mein Herzschlag ist in Aufruhr und ein unkontrolliertes Zittern macht sich breit. Mein Körper überzieht sich mit einer Gänsehaut, als die Lippen meinen Kitzler erreichen und die Zunge sanft darüberstreicht. Ich kann nicht an mich halten und ein tiefes Stöhnen dringt aus mir hervor. Es ist fast schon ein Schrei, dem ein Wort folgt – „Bitte." Was, Bitte?

Ich weiß es nicht, zu tief stecke ich in Erwartung, möchte mehr. Mehr was? Finger, die in meine Nässe tief hineingleiten, Lippen die sich fester um meinen Kitzler legen und saugen, die Hand an meiner Kehle, die zu leicht dort liegt, und auch hier wünsche ich mir mehr Druck. Kurz schüttele ich den Kopf über die Gedanken, die durch diesen rasen, doch schnell holen mich die Gefühle ein, die auf mich einwirken. Ich spüre meine Säfte aus mir fließen und den Mund, der diese auffängt und sich daran labt. Schmerzhaft langsam dringt ein einzelner Finger in meine pulsierende Vulva ein. Ich halte die Luft an, erstarre in meinen Bewegungen – in Erwartung nach mehr. Es reicht nicht.

Frustriert fauche ich auf und dränge mich dem Mund und dem Finger entgegen. Ein leises Lachen ertönt und lässt mich zischend ausatmen. Ich möchte übernehmen und erinnere mich an meine Hände, die sich seitlich in die Laken krallen. Meine Hände heben sich sogleich auf den Kopf zwischen meinen Beinen und drücken ihn fester auf meine Lustgrotte. Gleichzeitig hebe ich meine Hüften entgegen und aus dem Lachen wird ein tiefes Stöhnen, das im Zimmer widerhallt. Meine Beine ziehen sich an, um den Druck noch intensiver auszuleben. Doch ich habe eines nicht bedacht, die Hand an meiner Kehle. Die Muskeln des Armes liegen über meiner Brust und ich merke die sich steigernde Anspannung. Ich spüre den Druck, die Streckung meines Halses, die stärker wird, als sich die Finger der Hand enger schließen. Es tobt ein Kampf in mir. Die Gefühle überfluten meine Sinne. Mein Mantra erklingt stöhnend aus meiner engen Kehle.

„Bitte, bitte …“ Was, bitte?

Alles – mehr Druck, mehr Finger, festeres Saugen. Ich spüre, wie kalte Schauer meinen Rücken hinaufjagen und wie die Spannung in meinem Körper unaufhaltbar steigt. Mittlerweile lechze ich so sehr nach Erlösung, dass es mir nicht mehr möglich ist, stillzuhalten. Unkontrolliert dränge ich mich dem Gewicht entgegen, das meine sensiblen Stellen bedeckt. Dann endlich, dieses Saugen, fest zielstrebig, so, wie ich es mag, ein weiterer Finger, tief und kraftvoll, und ein tiefes Grollen entweicht meinen Lippen. „Erlösung!“, schreit meine Seele. Ich hebe mich der Hand entgegen, die meine Kehle umschließt, sanft, fest und doch nur so weit, dass ich noch genügend Luft bekomme. Ich spüre einen Finger leicht über meine pulsierende Halsschlagader gleiten, als die Gefühle über mir zusammenbrechen und ich in einem Schwall von Feuchtigkeit zuckend explodiere. Mein Schrei hallt durch den Raum und ich koste es aus, lass es raus, lebe dieses Gefühl, das mir fast die Sinne und die Anspannung in meinen Körper nimmt, mir das Gefühl zu fliegen gibt. Was gibt es

Schöneres, als die Freiheit zu genießen, wie ein Vogel zu sein, sich vom Sturm tragen zu lassen und die Macht des Windes auszukosten?

Meine Hände, die gerade noch den Kopf gedrückt haben, fallen wie von Geisterhand durch Materie auf meinen immer noch pulsierenden Venushügel. Ich traue mich nicht, die Augen zu öffnen. Will noch nicht aus diesem Traum erwachen und der Realität die Macht geben, mich zurückzuholen. Zart streiche ich über meinen Hügel, spüre die Nässe und erzittere bei dem intensiven Gefühl der Nachbeben.

Ich höre eine lachende flüsternde Stimme: „Guten Morgen wünscht der Hexer.“

Hinweis

Daumen auf der Kehle, Handfläche um den Hals. Es sieht zunächst nach einem groben Ritual aus, nach Gefahr, denn die Stellen, wo Atem und Puls fließen, werden abgedrückt. Jedoch hier entsteht die absolute Hingabe der Frau dem Mann gegenüber. Sie begibt sich in seine Hände. Diese Kombination aus Gefahr und Vertrauen, aus Zwang und Hingabe hat Auswirkungen der erotischen Art. Voraussetzung ist immer eine spielerische Anwendung und dennoch steckt ein sehr großes Vertrauen darin. Der Mann muss diesen Griff beherrschen und sollte nie den Blickkontakt mit seiner Partnerin verlieren. Beim kleinsten Anzeichen, dass es ihr unangenehm erscheint, muss er reagieren. Richtig angewendet, ist es eine sehr erregende Geste für beide Partner. Mit etwas Übung geht es ins lustvolle Spiel über.

Doch ganz wichtig ist immer das vorsichtige Herantasten an solch eine Praktik. Vorher sprechen oder zumindest sehr vorsichtig angehen und beobachten. Es geht hier um das Unterwerfen und das absolute Vertrauen.

Traumwelten

In Traumwelten tief versunken, bricht der
Tag heran.
Nicht gewillt, diese Welt zu verlassen,
halte ich mich darin fest.

Ohne Angst und doch unterworfen.
Ohne Gewalt und doch ergeben.
Ohne Zwang und doch dominiert
erlebe ich voller Verlangen die Magie die-
ser wunderbaren Welt.
Meine Fantasie.
Meine Begierde.
Meinen Traum.
Meine Erlösung.

Ganz sachte zieht die Wirklichkeit mich zu-
rück in die reale Welt.

Was bleibt, ist die Erinnerung, für ewig in
mir verborgen, und gibt mir Kraft bis zum
nächsten Morgen.

Vertrauen

Ich erwache und meine Arme sind nach oben gestreckt. Was ist passiert? Mein Herz fängt an zu rasen, doch dann blicke ich in zwei Augen, die mich tief ansehen, bevor sie mir meine Sicht nehmen und ein Seidentuch meine Augen verdeckt. Sofort schärfen sich meine Sinne. Lasse ich mich darauf ein? Es ist ein Spiel und ich habe mein Codewort, das Einhalt gebietet, sobald mir etwas unangenehm wird. Darauf eingehen, etwas Neues ausprobieren, die Wünsche und Vorstellungen meines Partners zu erfüllen. Ja, ich möchte es tun, für ihn. Noch während ich darüber nachdenke, spüre ich eine federleichte Berührung, die über meinen Körper streift. Ich nehme seinen Atem an meinem Ohr wahr, als er mir leise zuflüstert: „Du wirst mir gehorchen. Jeder Ungehorsam wird bestraft. Ich fordere dich heraus. Ich bin jetzt dein Dom, du meine Sklavin. Lässt du dich darauf ein?“

Ich muss nicht lange überlegen, denn ich kenne das Spiel. „Ja mein Herr“, kommt mir über die Lippen. Ich würde lügen, wenn ich sagen würde, dies turnt mich ab. Im Gegenteil, in mir steigt Hitze auf und macht mich feucht. Das Ungewisse ist es, das meine Säfte kochen lässt. Ich reibe meine Beine aneinander, will mich nicht verraten, doch sogleich höre ich seine Stimme. „Es gibt Regeln für dich.

1. Dein Körper wird still liegen, keine Bewegung möchte ich sehen.
2. Dein Mund wird verschlossen sein, außer dem Codewort wird kein Ton deine Lippen verlassen.
3. Jeder ungehorsam wird mit drei Schlägen bestraft. Erst wenn ich Hexe flieg sage, sind alle Regeln aufgehoben."

Während ich noch seine Anweisungen aufnehme, werden meine Beine gespreizt und Fesseln legen sich um meine Knöchel. Mit leicht gebeugten Knien nach außen liege ich offen da. Ausgeliefert komme ich mir vor und das Adrenalin in meinem Blut fängt an, hochzusteigen. Mutig kämpfe ich meine Angst zurück. Ich vertraue, denn ohne dieses Vertrauen wäre dieses Spiel nicht möglich. Trotz allem erwachen Gefühle wie Angst und Panik in mir. Das sanfte Streicheln auf meinen Körper beruhigt mich. Ich spüre Lippen, die um meine Nippel streifen und sanft hineinbeißen. Ich möchte aufstöhnen, doch gerade rechtzeitig erinnere ich mich daran, dass ich dies nicht darf. Doch wie von selbst hebt sich mein Oberkörper den Lippen entgegen. Sofort sind sie weg und im nächsten Augenblick spüre ich einen Schlag zwischen meinen Beinen. Ich presse meine Lippen fest zusammen, mein Körper spannt sich an. Drei Schläge, hat er gesagt, wenn ich ungehorsam bin. Ich warte, halte unbewusst den Atem an und dann folgt der Schmerz, kurz hintereinander. Zwei weitere Schläge. Es brennt, doch sogleich legt sich seine warme Hand darüber und ich spüre, wie Feuchtigkeit aus mir läuft. Der Drang, die Beine zusammenzupressen, macht sich breit. Doch ich zwinge, mich still zu liegen. Mein ganzer Körper ist verkrampft und langsam lockern sich meine Muskeln wieder. Macht mich das an? Bin ich unnormal? Noch merke ich das leichte Brennen der

Schläge auf meiner Scham und trotz allem habe ich das Bedürfnis nach mehr. Innerlich schüttele ich den Kopf über diesen Gedanken. Seine Hand verschwindet und ich nehme seine Hände an meinen Oberschenkeln wahr, die diese noch weiter auseinander drücken. Ganz sanft spüre ich seine Lippen, die sich über mein Zentrum legen, und lustvoll streicht seine Zunge durch meine Nässe, die aus mir quillt. In meinem Kopf entsteht ein Mantra: Schweigen, nicht bewegen. Schweigen, nicht bewegen. Als ein Finger seinen Weg zwischen meinen Lippen findet, ist es fast aus mit meiner Beherrschung und mein Körper fängt an zu zucken. Ich kann nichts dagegen tun. Fühle mich hilflos. Der Drang, mich dem Finger und den Lippen entgegenzustrecken, nimmt überhand. Ich erwarte den Schmerz der Schläge, nehme die Strafe gerne an und ein lautes Stöhnen entweicht meinen Lippen. Sogleich prasseln drei heftige Schläge auf meine Schenkel. Jetzt nehme ich auch die Paddel wahr, mit der er sie mir zufügt. Ich japse auf, doch gleichzeitig spüre ich seine Finger, die die

Stelle streicheln und den Schmerz nehmen. Mein Körper ist aufs Äußerste angespannt und Adrenalin, Schmerz und Lust lassen meine Sinne kribbeln. Ich weiß, dass er mir nie ernsthaft Schaden zufügen würde. Sein Gewicht verlagernd, hält er meine Hüften ans Bett gefesselt, als seine Finger in mich stoßen. Tränen laufen unter dem Tuch aus meinen Augen, als ich sie tief in mir spüre und sie die Stelle stimulieren, die einen unsagbaren Druck in mir aufbauen. Sie stoßen mich fest, tief und schnell. Immer schwerer fällt es mir, zu schweigen. Ich halte wieder die Luft an, verkrampfe mich noch mehr. Das Gefühl, dass ich pinkeln muss, jetzt, ganz dringend, überkommt mich. Eine Gänschaut überzieht meinen Körper und Schauer rennen meinen Körper hinab. Wie durch einen Nebel höre ich seine Stimme, nur zwei Worte: „Hexe flieg."

In diesem Augenblick entweicht mir ein Schrei, unwirklich und meine ganze Anspannung löst sich. Ich spüre die Flüssigkeit, die aus mir rinnt, die Erleichterung und diese Ekstase, die durch meinen ganzen Körper krabbelt. Er hört nicht auf, mich zu bearbeiten mit seinen Fingern und direkt spritze ich noch mehr aus mir. Ist es peinlich? Ja, irgendwie schon, doch es ist auch das ultimative Gefühl zu spritzen als Frau. Nur er schafft es, mich dazu zu bringen. Ich genieße, ich fliege und ich bade in diesem Gefühl. Mein Herz ist schon lange aus dem Takt. Das Gefühl, dominiert und beherrscht zu werden, das Aufbäumen gegen die Regeln, der Schmerz vermischt mit der Gier nach Erlösung, die Fixierung und die Dunkelheit, dies alles zusammen, in Verbindung mit dem Vertrauen zueinander, lässt einen die ultimativen Höhen auskosten und erleben. Es ist Luststeigerung in seiner schönsten Form. Lasst euch darauf ein, probiert es aus. Ich genieße nun dieses Herunterkommen, aneinandergeschmiegt, sanft streichelnd und ohne Worte, die Leichtigkeit in meinen Körper fließen lässt.

Hinweis

Wir haben so viele Sinne und um diese alle mit einzubinden, sollte man hin und wieder etwas wagen, und dazu gehören auch Fesselspiele. Hier ist alles offen, was Freude macht, und, ganz wichtig, das Vertrauen muss passen. Redet über eure Fantasien vorab und vereinbart ein Codewort/Safeword.

Lustvolle Klapse, sogenanntes Spanking haben nichts mit Schlagen und Gewalt zu tun. Auch hier vorsichtig antasten. Nachdem man einen Schlag gesetzt hat, direkt darüberstreichen, lindern. Es kommt auch darauf an, in welchem Stadium des Lustspiels man es macht.

Eine Frau zum Abspritzen zu bringen, ist eine Technik, die nicht viele Männer beherrschen, sich jedoch aneignen sollten, denn es ist für die Frau ein ultimatives Gefühl. Man nennt es squirten und dabei wird der G-Punkt der Frau so stimuliert, dass eine Flüssigkeit aus der Harnröhre tritt (kein Pipi, ein Sekret). Dieser besondere Orgasmus ist nicht wellenförmig und pulsierend, sondern hat etwas mit loslassen zu tun und fährt durch den ganzen Körper. Es ist ein irres Gefühl und man kann schnell als Frau süchtig danach werden, doch auch Männer finden Gefallen daran. Wenn ihr mehr darüber erfahren möchtet, dann gebt einfach als Schlagwort squirten ein.

Dein Schmerz

Wild und hemmungslos, wag es, lass es nicht verstreichen.

Sie gibt dir alles, was du möchtest, heiß und unverfälscht.

Gehe den Weg, nur so kannst du Erfüllung erlangen.

Sie wird dich willenlos machen, einengen in deinem Wesen, jedoch befreien aus deiner Lust. Gefesselt, gebunden, blind, kein Ausweg, keine Vergebung wird sie erhören.

Sie wird dich quälen, doch deine Sinne werden schreien nach mehr.

Unnachgiebig wird sie dich kontrollieren, deine Begierde in andere Welten tragen.

Dein Schmerz wird ihr Schmerz sein – doch zusammen wird am Ende die Ekstase gewinnen.

Hexenmagie nur für den Hexer bestimmt.

Traummagie

Die Nacht ist warm. Leichter Wind regt sich draußen. Was hat dich geweckt? Im Halbschlaf registrierst du, dass du auf dem Bauch liegst. Du versuchst, dich zu drehen, doch irgendetwas stoppt dich in deinen Bewegungen. Dein Herzschlag beschleunigt sich. Du versuchst, dich umzuschauen, doch etwas verdeckt deine Augen. Dein Atem galoppiert. Dein Adrenalin im Körper fängt an zu kochen und Panik macht sich breit. Eine flüsternde Stimme raunt dir zu: „Ruhig, bleib ruhig. Atme tief und gleichmäßig. Solange du auf mich hörst, wird dir nichts passieren."

Du versuchst, ruhig zu atmen, auf die Stimme zu hören. Nebenher scannst du deine Lage. Du bist nackt. Deine Beine sind gespreizt, an den Knöcheln festgebunden, und du fühlst den kühlen Windhauch an deinen Hoden. Deine Arme sind gestreckt, nach oben fixiert. Deine Bauchlage macht es schwierig zu atmen. Du musst dich beruhigen, denn in dieser Lage ist es schon schwer genug, normal Luft zu holen. Dein Schwanz liegt unter dir, zwischen Bettlaken und Bauch gedrückt. Du denkst: Gott sei Dank ist er sicher. Ja, in diesen Momenten überkommen einen die doofsten Gedanken. Plötzlich hörst du ein Rascheln. Es macht dich unsicher und dein Herz fängt erneut an zu rasen. Verdammt – wenn ich wenigstens sehen könnte, denkst du. An deinen Fußsohlen spürst du eine Berührung und versuchst zurückzuweichen. Doch weit geht es nicht, denn deine Knöchel sind immer noch fixiert. Gequält stöhnst du auf. Etwas Warmes tropft auf deine Waden. Du zuckst, doch ausweichen geht nicht. Dann spürst du Hände, die sich auf deine Beine legen. Die Stimme flüstert dir zu. „Pssst, leise, kein Wort soll deine Lippen verlassen."

Dein Herz hämmert in deiner Brust, als sich die Hände an deinen Beinen nach oben arbeiten. Jetzt weißt du auch, was es war, das warm auf deine Waden tropfte. An den geschmeidigen Berührungen der Hände erkennst du es als Öl. Es wird heiß, je mehr die Hände es verteilen. Die Hitze steigt deinen

Körper hinauf. Dein Glied regt sich. Verräter, denkst du. Das kann doch nicht wahr sein. Gefesselt und blind, hilflos, und doch ist da ein erregendes Gefühl, dass dich überkommt. Du konzentrierst dich auf die Hände, die sanft an deinen Beinen entlangwandern. Die Nägel kratzen leicht an der Innenseite deiner Schenkel. Ein Zittern überkommt deinen Körper und dein Glied drückt schmerzhaft gegen das Bettlaken unter dir. Deine Hände verkrampfen sich um die Fesseln. Du versuchst, den streichelnden Händen auszuweichen, doch es geht nicht.

Plötzlich sind sie weg und zischend entweicht dir der Atem. War es Erlösung oder Frustration? In der Dunkelheit lauschst du angestrengt und wartest. Sanft streift dich der Wind durch das Fenster. Durch das Öl lässt dich der Lufthauch erzittern und eine Gänsehaut bildet sich auf deinen Körper. Du liegst da und wartest. Dein Herz überschlägt sich, gerät kurz aus dem Takt. Die Zeit vergeht und nichts passiert. Erleichtert atmest du gleichmäßig und wirst ruhiger. Langsam sinkst du in einen leichten Schlaf, jedoch immer in Gedanken und lauschend nach dem Ungewissen. Es macht dich ungehalten und unruhig, nicht zu wissen, was noch auf dich zukommt. Adrenalin sammelt sich in deinen Körper, dadurch steigt Angst darin empor. Dein Glied liegt wieder sanft und weich unter dir. Na du Verräter, haste dich wieder beruhigt? Du lachst auf. Redest du wirklich mit deinem Schwanz, anstatt dir Gedanken zu machen, wie du aus dieser Situation raus kommst?

Die Stimme erklingt wieder. „Psst, schweige, kein Wort.“

Irritiert wartest du. Tropfen treffen auf deinen Po und laufen in die Kerbe dazwischen. Du japst auf, doch sogleich spürst du eine Hand, die dem Weg der Tropfen folgt. Finger krabbeln entlang und in deinen Schwanz schießt das Blut, so schnell, dass du laut aufstöhnen musst. In diesem Moment klatscht es feste auf deine Fußsohlen und du stöhnst noch lauter, doch jetzt vor Schmerz. „Pssst, habe ich gesagt, schweig still, kein Ton“, zischte die Stimme. Du beißt in deiner Verzweiflung ins Kopfkissen und spürst das

Brennen auf deinen Sohlen. Doch auch fühlst du die Hand und die Finger, die über deinen Po, durch die Ritze, zu deinen Eiern wandern. Das Öl macht diesen Weg schlüpfrig und heiß. Dein Schwanz drückt schwer gegen das Bettlaken und deine Hüften beginnen sich zu bewegen. Finger streichen über deine Rosette und dir laufen Schauer über den Rücken. „Nein, verboten, du stehst nicht darauf." Gedanken, die leichte Panik in dir auslösen. Du möchtest stöhnen, dich wehren, doch das Brennen auf deinen Fußsohlen erinnert dich an den Schmerz und du schluckst es hinunter. Deine Konzentration liegt bei der Hand, dich sich um deine Hoden schließt und sie drückt. Schweiß bricht dir aus und ein Frösteln überzieht deine Haut. Die Hand wandert weiter. Instinktiv hebst du deine Hüften, um ihr Platz zu machen, streckst deinen Po in die Höhe, ziehst die Beine etwas an und stützt dich auf deine Unterarme ab, soweit es die Fesseln zulassen. Hände greifen nach deinem Phallus und du drückst dein Gesicht in die Kissen, um nicht laut aufzustöhnen. Doch zugleich merkst du, dass dir der Atem genommen wird, und legst den Kopf zur Seite. Fest krallen sich deine Hände in die Fesseln und deine Muskeln an den Beinen werden hart. Die Hand knetet deinen Phallus und du spürst die zweite Hand an deiner Rosette, wo sich ein öliger Finger den Weg hinein durch den Schließmuskel sucht. Oh Gott, bloß nicht dort. Und trotz allem, ganz unbewusst, erregt es dich. Das Verlangen zu stöhnen bringt dich zum Zittern. Die Stimulation, die Bewegungsfreiheit und die Dunkelheit geben dir den Rest. Unkontrolliert fängst du an, deine Hüften zu bewegen. Drängst dich dem Finger in deinem Hintern entgegen. Was passiert mit dir? Ein neues Gefühl trifft dich und eine Gänsehaut rinnt deinen Körper entlang, als der Finger in deinem Hintern sanft um deine Prostata gleitet.

„Lass es zu, koste es aus“, flüstert die Stimme. Du möchtest es tiefer und fester haben. Die sanften Berührungen machen dich verrückt und das Gefühl lässt dich erzittern. Noch nie hast du so etwas erlebt. Deine

Gedanken überschlagen sich. Verboten, abartig, schwul.

„Nein“, flüstert wieder die Stimme. „Es ist das Verborgene, das Unbekannte, was viele Türen öffnet und ungeahnte Ekstasen bringt.“

Mittlerweile lechzt dein Schwanz nach mehr Druck und Bewegung der Hand. Du bist gefangen in deiner Gier, dein Kopf pocht und dein Herz rast. Das Wissen, nicht laut stöhnen zu dürfen, staut das Adrenalin in deinem Körper und nimmt dir die Luft zum Atmen. Die Fesseln schneiden in deine Haut, doch den Schmerz spürst du nicht, denn die Erregung und der Drang nach Erlösung ist größer. Dem Finger in deinem Hintern folgt ein zweiter. Der Dehnungsschmerz lässt dich keuchen, doch schnell schluckst du den Ton hinunter. Denn es ist geil, irgendwie ist es geil und jetzt hast du auch den Punkt erreicht, wo du dich darauf einlassen möchtest. Sie scheint es zu können, zu beherrschen, das Spiel, also warum nicht mal etwas Neues wagen und empfinden? Die Hand an deinem Glied massiert es fest. Deine Hoden fangen an zu glühen und ziehen sich zusammen. Die Ekstase, die sich in deinem Körper aufbaut, fängt an wehzutun. Die Stimulation dieses kleinen Knubbels in dir erregt dich so enorm, dass du aus der Haut fahren könntest. Du möchtest betteln um Erleichterung, doch du darfst nichts sagen. Der Druck nimmt überhand. Tränen laufen aus deinen Augen und verfangen sich in der Augenbinde. Dein Körper kribbelt, als würden Ameisen darüber laufen, und dir schwinden langsam die Sinne. Du bist gefangen in dem Drang nach Erlösung. Vergessen sind die Fesseln, die mögliche Gefahr, die Augenbinde, das Verbotene, als die leise Stimme wieder erklingt: „Komm für mich, lass mich deine Stimme hören."

Die ultimative Erfüllung ergießt sich schreiend über dich, als sie den Druck auf deinen Punkt in deinem Inneren erhöht, und kickt dich ins Aus. Du hast keinerlei Gewalt mehr über deinen Körper, fühlst und spürst nur noch die Erlösung, den Druck, der explodiert und dir deine Sinne nimmt. Du hörst

Schreie und Stöhnen, doch dass es deine eigenen Töne sind, nimmst du nicht wahr.

Laute, summende Töne zerstören alle Empfindungen. Schlagartig hört alles auf. Aber hört es wirklich auf? Du kannst es nicht mit Sicherheit sagen. Hast du das alles nur geträumt oder hatte da jemand ein erotisches Spiel mit dir getrieben? Du öffnest deine verschlafenen Augen. Drehst dich um. Gerade siehst du noch, wie sich deine Schlafzimmertür wieder schließt. Das Fenster ist offen und lässt den leichten Wind herein. War es ein Traum oder Fiktion? Du siehst nach unten, Nässe benetzt deinen Unterleib und du spürst noch immer einen Druck in deinem Hintern, der dich erschauern lässt. Der Blick auf deine Handgelenke zeigt dir rote Stellen, wo die Fesseln lagen. Dann siehst du auf deinem Bauch einen lachenden zwinkernden Smiley und darunter ein Satz: Gruß von der Windhexe.

Immer nur Sex?

Nackte Haut an nackte Haut. Dein Kopf auf meiner Brust, eine Hand streichelt deinen Rücken, fährt auf und ab.

Du spürst die Nägel, die deine Haut sanft umschmeicheln. Du spürst den Herzschlag in meiner Brust und ganz sanft kommst du zur Ruhe, schließt die Augen und genießt.

Eine Hand von dir zwirbelt meine Brustwarze, animiert sie zum Aufstehen, doch du driftest ab, in eine Welt, die man Entspannung nennt.

Ich höre, wie dein Atem gleichmäßig wird. Ein tiefer Seufzer entweicht deinen Lippen. Ich muss lächeln, denn dein Körper an meinem bringt Ruhe und die Welt außerhalb ist ausgeschlossen.

Momente wie diese sind mehr wert als sexuelle Lust. Diese befriedigt uns, lässt uns fliegen in andere Dimensionen, macht uns ganz und gibt uns das Gefühl zu leben.

Doch diese Augenblicke dazwischen geben uns den Frieden und die Wärme. Es sind Gefühle, die wir nicht oft zulassen, und doch möchten wir sie erleben und brauchen sie wie die Luft zum Atmen. Beides zusammen bildet die Einheit und macht es perfekt.

Magische Tour

Die Sonne senkt sich am Horizont, doch liegen noch einige Kilometer vor dir, bis du dein Zuhause erreichst. Der Harleymotor schnurrt unter dir und das Vibrieren durchdringt deinen ganzen Körper. Entspannt genießt du die Fahrt. Landschaften ziehen an dir vorbei. Felder und Wälder erstrecken sich am Straßenrand. Mittlerweile hat sich die Sonne gesenkt und vor dir erstrahlen die letzten roten Sonnenstrahlen am Firmament. Der Mond zeigt sich und hier und da sieht man auch schon einen Stern aufleuchten. Tief atmest du durch, als vor dir etwas über die Straße huscht, das dich abbremsen lässt. Langsam lenkst du die Harley an den Straßenrand.

Unter dir zittert der Motor und das laute Geräusch durchbricht die Stille des Abends. Dein Blick geht suchend umher. Was war das? Wo ist es hin? Rechts von dir ein kleiner Wald, links eine große Wiese. Neugier packt dich. Du stellst deine Maschine auf den Seitenständer, nimmst den Helm ab und drehst den Zündschlüssel auf aus. Lautlos liegt die hereinziehende Nacht vor dir. Ein Rascheln von rechts erweckt deine Aufmerksamkeit und lässt dich absteigen. Langsam gehst du auf die Bäume zu. Vor dir eine große Eiche. Bäume haben dich schon immer fasziniert, deswegen legst du unbewusst deine Hände darauf. Du spürst die Rinde unter deinen Fingern, die raue Oberfläche, als eine leise Stimme erklingt. „Presse deine Hände fest gegen den Stamm, sichere deinen Stand, indem du deine Beine leicht spreizt, und schaue in die gigantische Baumkrone, die sich über dir erstreckt."

Unbewusst folgst du den Anweisungen und über dir glitzern die Blätter der Eiche im aufgehenden Mond. Ein Lufthauch lässt dich erschauern und eine Gänsehaut überzieht deinen Körper. Irgendetwas schlingt sich um deine Knöchel, doch du kannst deinen Blick nicht von der Baumkrone nehmen. Dein Herz fängt an, wild in deiner Brust zu klopfen. Deine innere Empfindung legt sich auf deine Beine. Was war das? Es fühlte sich an, als würden sich die Wurzeln der Eiche um dich schlingen und dich hinunterziehen. Doch da war auch noch ein anderes Gefühl, das dich innerlich erbeben lässt. Es war das Gefühl des Ungewissen, das Gefühl der Erregung, der Angst davor, was passiert. So komisch der Gedanke auch klingt, doch Angst und Erregung passen perfekt zusammen. Dieses Kitzeln in den Sinnen, dieses Warten, das Adrenalin, das im Körper aufsteigt. Was du gerade noch für Wurzeln hieltest, nimmt in deinem Kopf die Materie von Fingern an, die deinen Beinen an den Innenseiten emporklettern. Deine Hose wird enger und dein Atem überschlägt sich. Du sehnst dich nach Freiheit, willst den Druck loswerden. Am liebsten würdest du dir zwischen die Beine fassen, um dir Erleichterung zu verschaffen. Doch deine Hände liegen wie festgeklebt am Stamm, dein Blick nach oben. Zitternd stöhnst du auf, als sich die Finger über deinen Schwanz legen und zudrücken. Wie von Geisterhand öffnet sich dein Hemd und die kühle Nachtluft lässt deine Brustwarzen hart werden.

In deinem Kopf formen sich Gedanken. Bitte öffne auch die Knöpfe an meiner Hose. Kaum gedacht, merkst du, wie ein Knopf nach dem anderen dir den Druck nimmt und deine Hose samt Slip nach unten rutscht. Befreit atmest du auf, als dein Glied herausspringt und erzittert, als die sensible Spitze die Rinde des Baumes berührt. Sogleich trittst du einen Schritt zurück. Doch weit kommst du nicht, denn deine Hände liegen wie festgeklebt an der Baumrinde. Deine neue Stellung lässt dich auflachen. Mit heruntergelassener Hose, das Hemd offen, leicht nach vorne gebeugt, den Arm ausgestreckt, die Hände fest am Stamm, den Kopf nach oben gerichtet, noch bizarrer geht es nicht. Der feste Griff zweier Hände, die deine Arschbacken ergreifen, lassen dein Lachen in ein tiefes Stöhnen übergehen. Du spürst Nägel, die dir im ersten Augenblick wie Krallen erscheinen, tiefer zwischen deine Beine wandern und über deine Hoden streifen. Dein Herz klopft wie wild und unbewusst möchtest du deine Hüften bewegen, doch es geht nicht. Bewegungslos und starr stehst du plötzlich da. Wie gerne würdest du eine Hand um dein Glied legen und fest zudrücken. Der Drang, den Kopf zu senken, nimmt überhand, als wieder die flüsternde Stimme erklingt. „Psst, schau nicht hin, fühle und genieße."

Warme Lippen schließen sich weich um deinen harten Penis. Unangekündigt und überraschend. Die Zunge umkreist deine empfindliche Spitze. Der Mund versteht sein Spiel und erzwingt deine ganze Aufmerksamkeit. Langsam kreisend umstreicht die raue Zunge deine empfindlich blanke Haut auf der Eichel. Sie wird immer praller und härter. Starke Gefühle der Erregung überziehen deinen Körper. Erste Zuckungen machten sich als Zeichen deiner Hochspannung bemerkbar. Deine Finger krallen sich in den Baum und du merkst, wie sich deine Nägel in die Rinde drücken. Schweiß rinnt dir den Rücken hinab, dein Körper zittert und du erhebst dich auf Zehenspitzen. Lange kannst du deine Position auf Zehenspitzen nicht halten und kippst zurück auf deine Fersen. Eine Hand schließt sich fest um deinen

Schaft und du möchtest den Mund und die Hand mit Bewegung deiner Hüften unterstützen, aber du bist dazu nicht fähig. Du bist zur absoluten Passivität verdammt. Doch irgendwie stört dich das nicht, denn die Lippen nehmen nun ihr Spiel noch intensiver auf und schließen sich sogleich fester um deinen Phallus und die Zunge zwirbelt um das Bändchen. An deinen Knöcheln wird der Sog nach unten größer, hält dich fest mit dem Boden verankert, lässt dich nicht mehr aufstellen und ausweichen. An deinem Hals nimmst du eine Schlinge wahr, die sanften Druck auf deine Gurgel legt, leicht zudrückt und deinen Kopf in Position hält. Hitze strömt durch deinen Körper. Über dir siehst du die Sterne zwischen dem Blätterdach hindurch strahlen, doch nimmst du sie nur im Entfernten wahr, denn deine ganzen Sinne sind auf Erlösung fixiert. Die devote Stellung, die Dunkelheit, der Druck auf deinen Hals, der dir die Atmung erschwert, die Fixierung am Baum, die eigene Passivität, das Ungewisse, all das bringt dein Inneres zum Brodeln. Sinnlicher Schmerz, Lust und der

Drang nach Erlösung lassen deine Sinne überkochen. Das Saugen der Lippen an deinem Glied wird intensiver und fester. Die Stimme hörst du wie im Nebel, als sie dir zuflüstert: „Jetzt, mein Freund, flieg." Die Ekstase lässt dein Herz einen Augenblick stillstehen und der Schrei, der sich durch deine enge Kehle bahnt, lässt den Baum erzittern, als dich ein ultimativer Höhepunkt erreicht und die Erlösung deine Sinne überflutet.

Schwer atmend kommst du zur Ruhe. Wow, was für ein Tagtraum, denkst du. Dein Blick noch immer in der Baumkrone über dir. Die Blätter rascheln wild, als würde etwas hindurchhuschen. Langsam senkst du deinen Blick, lehnst dich nach vorn und drückst die Stirn gegen den Stamm. Deine Fingernägel haben tiefe Rillen in der Rinde hinterlassen, als du sie löst und an dir herabblickst. Deine Hose heruntergelassen, dein Hemd flattert offen und auf deinem Bauch erblickst du einen lachenden Smiley und darunter ein Satz: „Gruß von der Waldhexe."

Sinnliches Bad

Meine Hand wandert meinen Körper hinunter.
Erzeugt Schauer betörenden Verlangens.
Ein Bein findet den Weg auf den Wannenrand.
Meine Finger erzeugen Druck und ich beginne meiner Sucht zu dienen.
Meine Lust,
meine Führung, mein Spiel.
Es beginnt, was unausweichlich schien. Erregung durchflutet Körper und Denken.
Ich finde den Weg in mein Zentrum.

Daumen und Finger im Duett.
G-Punkt und Knospe im Gleichklang.

Bis zum Zustand der Erlösung.

Einfach sein

Leg dich auf den Bauch und lege deinen Kopf entspannt auf deine Arme. Atme tief ein und aus. Finde die Ruhe und Entspannung in dir. Du spürst, wie ich mein Bein über dich schwinge, und der sanfte Druck, sobald ich mich auf deine Oberschenkel niederlasse, lässt dich meine Nässe zwischen meinen Schenkeln spüren. Du zuckst zusammen, als ein sanfter Tropfen Öl zwischen deine Schulterblätter tropft. Dann beginnen meine Hände ein zärtliches, jedoch festes Spiel. Sie gleiten, durch das Öl geschmeidig, fest und zielstrebig über deine Schultern. Streifen deinen Hals und suchen sich ihren Weg an der Wirbelsäule hinunter. Unter meinen Fingern spürst du, wie sich das Öl erwärmt und dein Körper sich entspannt. Wohlig seufzt du auf. Das gleichmäßige Streicheln, der sanfte Druck lockert deine Muskeln und nimmt dir die Verspannung. Ganz langsam schlummerst du leicht ein, als meine Hand über deinen Po gleitet, fest zupackt und intensiv anfängt zu kneten.

Meine Hände sind schlüpfrig und gleiten immer wieder zwischen deine Poritze und tiefer. Deine Hüften heben sich leicht, denn langsam wird deine Lage unbequem. Doch ich sitze immer noch fest auf deinen Schenkeln und halte dich somit in Position. Auch mich lässt es nicht kalt und du wirst wahrlich überschwemmt von Feuchtigkeit, die zwischen meinen Beinen herrscht. Meine Finger finden ihren Weg und gleiten tiefer zwischen deine Schenkel. Es ist eng, doch das Öl macht es möglich, seinen Weg zu finden. Die Entspannung weicht und eine lustvolle Spannung lässt dich deine Muskelschmerzen vergessen. Voll konzentriert, was als Nächstes passiert, legst du deine Erwartungen und deine Konzentration auf die Finger, die warm und sinnlich ihren Weg suchen ... – die Wunschhexe überlässt dich nun deiner Fantasie.

Hinweis

Dem Partner etwas Gutes tun kann auch der Beginn zu einem erregenden Spiel sein. Macht nicht den Fehler und wehrt sofort ab. Lasst euch darauf ein, nehmt es an.

Auch dürft ihr euch jederzeit euren eigenen sexuellen Vorstellungen hingeben. Jetzt mal ehrlich. Wie funktioniert Selbstbefriedigung? Na klar, durch sexuelle Fantasien und Kopfkino. Hier ist auch egal, wie oft und wie viel. Wenn ihr Lust dazu habt, tut es einfach. Es ist eine schöne Entspannung und keine Peinlichkeit. Unterdrücken macht schlechte Laune. Selbst in einer Partnerschaft ist es nicht verkehrt, sich selbst zu befriedigen. Vielleicht sogar gemeinsam. Mal Voyeur spielen kann auch anregend für heiße Spiele sein.

Hexen am Abend

Am Abend wenn die Nacht erwacht, Hexengedanken in den Himmel schweben hinaus zu denen, die sehnsuchtsvoll, einen Hexentraum wollen erleben.

Ihre Beine gespreizt, die Feuchtigkeit glitzert, ihre Gier verlangt nach einem Gewitter.

Ihr Körper glüht, ihre Glieder zittern, sie sehnt herbei, eine Zunge, die ihr Erlösung bringt.

Ihr Duft ist pure Wonne, ihr Geschmack zergeht auf der Zunge.

Die Sucht treibt dich an und ihre Schreie schweben hoch, gemeinsam wird die Begierde groß.

Doch ist dies nur ein Traum und der verrinnt, sobald die Sonne das Glühen beginnt.

Darum nutze die Zeit und genieße den Traum, tauche hinein, voller Verlangen und lass dich darauf ein, um in die Ekstase zu schweben.

Farbfantasie

Genervt schaust du die Wand an, dann zum Farbeimer. Aufstöhnend nimmst du die Farbrolle in die Hand und beginnst deine Aufgabe. Immer gleichmäßig, fast im Takt, wechselst du zwischen eintauchen und aufstreichen, als du eine leise Stimme vernimmst. „Dreh dich nicht um, vollende dein Werk."

Erschreckt lässt du fast die Rolle fallen, doch im letzten Augenblick fängst du sie auf. Die Bescherung auf deinem T-Shirt nervt dich und du reißt es dir herunter. Die Farbspritzer sind schon in deinem Gesicht, also warum nicht gleich überall auf der Haut? Du schüttelst kurz den Kopf. Jetzt höre ich schon Stimmen, denkst du dir und streichst weiter. Die Rolle an der Wand, lauschst du. Was war das? Ein leises Schmatzen erklingt hinter dir. Verwirrt willst du dich umdrehen, doch irgendetwas hält deinen Blick nach vorn gerichtet. Auflachend streichst du weiter und deine Ohren fixieren das Geräusch hinter dir. Dein Kopf bildet Fantasien. Es hörte sich an, als würde eine Hexe an ihrer Muschi spielen, die vor Nässe trieft. Verwirrt schüttelst du dich, als du spürst, wie sich in deiner Jogginghose etwas regt. „Das darf doch jetzt nicht wahr sein“, denkst du laut und lachst los. Mit neuem Elan streichst du weiter, als wieder die leise Stimme erklingt: „Ich kenne deine Gedanken und ich sitze hier, hinter dir, auf dem Tisch. Ich bin mit einem Tuch bekleidet, unter meinen Brüsten zusammengeknotet. Ein Bein hängt an der Tischkante herab und das andere steht darauf. Ich bin offen für dich und deine Fantasie. Mit einer Hand stütze ich mich ab, doch die andere liegt fest auf meinem Lustzentrum. Nun frage ich dich, was soll ich tun?“

Langsam dringen die Worte zu dir und sogleich siehst du Bilder in deinem Kopf entstehen. „Streich weiter dabei, die Arbeit muss beendet werden“, erklingt wieder die Stimme. Du hast nicht gemerkt, dass du die Rolle nur noch festhältst und die Farbe dabei zu Boden tropft. Schnell wendest du dich wieder dem Streichen zu und überlegst. Sie hat gesagt, ich soll ihr sagen, was sie tun soll. Dein Herz fängt an, schneller zu schlagen, als Ideen dir durch den Körper jagen. Du sprichst es laut aus. „Nimm einen Finger und dringe tief in dich ein, ich möchte deine Feuchtigkeit aus dir laufen hören."

Sogleich erklingt das unverkennbare Geräusch und in deinen tiefen Regionen regt sich dein Phallus nach Aufmerksamkeit. Du greifst hinunter und rückst ihn zurecht. Ein tiefes Stöhnen entkommt deinen Lippen. Er erscheint dir hochsensibel und jagte einen Schauer über deinen Rücken. Kann man sich beim Streichen einen wichsen? Hinter dir erklingt stoßartiges Atmen und in deinem Kopf siehst du den Finger in die Muschi gleiten. Gerne würdest du dich umdrehen und diese Feuchtigkeit mit deinen Lippen aufgefangen, doch dies bleibt dir verwehrt. Fast schmeckst du sie auf den Lippen. Das Wasser läuft dir im Mund zusammen und du musst schlucken. „Streich weiter."

Leise Worte, mit einem Lachen, erreichen dich. Konzentriert wendest du dich der Wand zu, doch eine deiner Hände knetet durch die Hose dein Glied, das mittlerweile bereit von dir absteht. Reden hat sie gesagt. Was sie tun soll, kommt dir wieder in den Sinn. „Leg dich zurück auf den Tisch, nimm deine andere Hand und massiere deine Brust, dann nimm einen zweiten Finger und lass mich deine Nässe hören“, gibst du den Befehl. Du lauschst den Bewegungen und siehst es vor dir in Bildern in deinem Kopf. Ausgebreitet wie ein Festmahl liegt sie auf dem Tisch – deine Hexe, nur für dich. Ihre Finger versenkt in ihrem Lustzentrum, sich selbst befriedigend. Eine Hand, mit langen schwarz lackierten Fingernägeln, die über ihre Brust fahren und die Warze leicht zwirbeln. Ein zurückgelehnter Kopf, offene rote Lippen, aus denen ein tiefes Stöhnen erklingt. Hastig ziehst du mit einer Hand deine Jogginghose hinunter. Der Drang, dein nacktes Fleisch zu berühren, nimmt überhand und zischend schließt du deine Hand fest darum. Die andere führt die Farbrolle automatisch über die Wand. Eingetaucht in den Farbeimer hast du sie schon lange nicht mehr, doch das ist dir im Augenblick egal.

Deine Sinne liegen auf der Melodie der heißen Hexe hinter dir und jagen dir Schauer der Erregung durch den Körper. Fest bearbeitest du deinen Phallus und verstreichst die Tropfen, die sich an der Spitze bilden.

„Leck sie ab, von deinen Fingern“, erklingt die Stimme wieder. Deine Gedanken schlagen Kapriolen. Wie soll ich das anstellen, ohne ihn loszulassen? Will ich das?

„Leck sie ab“, haucht die Stimme wieder.

Deine Hand öffnet sich und lässt los, um schnell nach oben zu deinem Mund zu fahren. Schnell, fast hektisch leckst du dir an deinen Fingern und erstarrst. Du schmeckst und riechst deine eigene Erregung. Bis vor einigen Sekunden dominierte noch der Farbgeruch, doch nun tritt etwas Sinnliches und Betörendes an dessen Stelle. Dir entweicht der Atem und ein lautes Stöhnen hallt durch den Raum. Hinter dir hörst du ein leises Lachen. „Lass es uns zu Ende bringen.“

Hochsensibel greift deine Hand wieder hinunter an dein Glied und fängt an, es fest zu bearbeiten. Leicht gespreizt stehst du da, den Blick auf die Wand vor dir gerichtet. Es ist dir nicht mehr möglich, die Farbrolle festzuhalten, und mit einem dumpfen Aufprall landet sie auf dem Boden. Deine Hand stützt sich gegen die Wand. Deine Ohren lauschen auf das Schmatzen und Stöhnen hinter dir. Bilder jagen durch deine Fantasien und treiben dich an, dich selbst härter um dich zu kümmern. Ja, genau so wolltest du es, hart brauchst du es jetzt, um den Vorstellungen gerecht zu werden. Gemeinsam mit der körperlosen Stimme hinter dir im Duett überzieht dich das Kribbeln in den Lenden. Deine Hoden ziehen sich hoch, als ein Lufthauch sie erwischt.

„Ich komme …“, erklingt der heißere Schrei hinter dir mit einem ekstatischen Stöhnen, der dich augenblicklich mitreißt und dich laut aufknurrend ergießen lässt. Deine Hand liegt fest um deinen Schwanz, drückt und reibt ihn und du genießt die Nachbeben und deinen wilden Herzschlag in deiner Brust.

Langsam findest du den Weg zurück in die Realität. Dein Blick fällt vor dir. Eine Hand liegt fest an die Wand gepresst und du löst sie.

Die Farbe macht ein schmatzendes Geräusch und dein nächster Blick lässt dich den Kopf zurücklegen und herzhaft lachen. An der Wand, unter deinem Handabdruck, grinst dir ein Smiley entgegen, darunter ein Satz: „Lieben Gruß von der Fantasiehexe.“

Hexen lachen

wenn die Sehnsucht bricht.
Hexen schreien, wenn die Begierde auf sie trifft.
Hexen weinen, weil ihr Herz offen und ehrlich ist.
Hexen erleben Einsamkeit in ihrem Inneren und doch strecken sie die Arme in den Himmel, empfangen die Freiheit und geben sie von Herzen zurück.
Hexen werden geliebt durch ihre Sinnlichkeit.
Doch Hexen werden verborgen und versteckt.
Die Einsamkeit der Hexe ist ihr Los, denn keiner zeigt sie, das Wagnis ist zu groß.
Denn Hexen lieben und leben nur für einen und schenken ihr Lachen sonst keinen.

Hexentanz

Ich spüre ihn hinter mir liegen. Warm umschließt mich seine Hitze, die von seinem Körper abstrahlt. Sein leichtes, leises Schnarchen beruhigt mich. Einen Arm hat er unter meinen Kopf gelegt und seine Hand umschließt meinen Busen. Ich fühle mich geborgen und angekommen. Leicht verlagere ich meinen Körper. Drücke mich fester an ihn und sein Glied reibt an meinem Po. Feuchtigkeit sammelt sich in meinem Lustzentrum und ein Schauer jagt mir über den Rücken. In mir schüttele ich den Kopf. Es ist noch gar nicht lange her, als wir ein sehr intensives Erlebnis zusammen hatten und trotz allem bin ich schon wieder voll erregt. Die sonstige Müdigkeit, die mich nach einem Orgasmus überfällt, ist wie weggeblasen, als ich seinen Körper spüre. Er schläft friedlich. Im Schlaf drückt er seine Nase in meinen Nacken und seufzt tief auf. Er hat schöne Träume, das merke ich. Mein Herz fängt wild an zu schlagen und ich muss mich beherrschen, mich ruhig zu verhalten. Der

Wunsch, die Hüften und den Po an ihm zu reiben, bringt mich fast um. Ich presse die Beine zusammen, in der Hoffnung mir so Erleichterung zu verschaffen. Plötzlich streicht einer seiner Finger über meine Brustwarze. Ich halte die Luft an und lausche. Nein – er schläft noch. In meinem Kopf regt sich mein Kopfkino und ich wünsche mir so sehr, dass er erwacht und mich nimmt. Hart von hinten. Einfach in meine pulsierende, feuchte Muschi rutscht, mit seinem dicken Phallus und mich aufspießt. Dass seine andere Hand an meine Gurgel geht und mich in Position hält. Mein Herz klopft wie wild bei der Vorstellung. Was ist nur mit mir los? Ist dieses extreme Gefühl noch normal? Ich merke, wie es zwischen meinen Beinen herausläuft, meine Feuchtigkeit. Ich rieche den Duft der Erregung und er legt sich auf meine Sinne und stachelt mich noch mehr an. In meinen Kopf höre ich eine Stimme, die mir zuflüstert: „Es ist alles normal. Lebe das Gefühl. Genieße es und spüre dein eigenes Verlangen, das dich anheizt, und benutze das Werkzeug, das dir zur

Verfügung steht. Hab keine Hemmungen, lebe deine inneren Wünsche aus."

Ich lausche der Stimme mit angehaltem Atem. Ich flüstere leise zurück: „Darf ich das? Ist es nicht abartig, schon wieder diese Geilheit zu erlangen? Den Drang zu verspüren, ausgefüllt zu werden und vor allem den Wunsch, dominiert zu werden? Ich möchte es fest und hart. Gehalten werden, sodass ich mich nicht bewegen kann, wenn er in mich stößt. Ich lechze nach dieser dominanten Erfüllung. Ist das nicht unnormal?"

Ich warte und höre die Stimme leise lachen. „Das fragst du mich? Wo ist die Grenze zwischen normal und unnormal? Es geht nicht um Grenzen, sondern es geht darum, was du möchtest. Das, was dein Verlangen ist, ist richtig." Tief atme ich durch. Mein Körper ist so erhitzt, dass ich die Tropfen meines eigenen Schweißes am Rücken herunterlaufen spüre, Lustschweiß, und ich erschauere. Ich brauche es so sehr. Meine Hüften kann ich nicht mehr aufhalten und meine inzwischen glitschigen Schenkel drücken sich gegen das Glied, das hinter mir zum Leben erwacht. Meine Hand legt sich auf seine, die immer noch auf meiner Brust ruht. Langsam führe ich sie höher, bis sie meinen Adamsapfel berührt. Ich spüre den Druck des Gewichts und es lässt mich laut aufstöhnen. Zurückhalten kann ich mich nicht mehr. Gebannt lausche ich dem Atem hinter mir. Er ist ins Stocken geraden. Das leise Schnarchen verklungen. Die Stimme flüstert mir zu: „Nimm es dir. Nimm dir, was du brauchst. Fordere es ein.“ Kann ich das? Meine Hand liegt noch immer über seiner und ich drücke sie tiefer. Kurz merke ich, wie sie sich gegen mich wehrt, doch dann gibt sie nach und legt die Finger um meine Kehle. Leicht wird mein Kopf zurückgezogen. Doch ich stemme ihn umgehend dagegen. Ich schnaufe kurz auf, als die Hand mich zwingt, mich ihrem Willen zu beugen. Eine weitere Hand legt sich auf meine Hüfte und drückt zu. Nagelt sie fest. Stoppt die Bewegung. Fest drückt sich sein Phallus gegen meinen Hintern. Ich kralle mich in sein Handgelenk, das um meinen Hals liegt, und meine andere Hand legt sich auf seinen Arm, deren Hand auf meiner Hüfte ruht. Mein Herz klopft wild in meiner Brust und der Drang, mich zu bewegen, wird schmerzhaft. Es tut mir regelrecht weh. Ich brauche dringend einen Orgasmus, will fliegen, die Anspannung in mir soll erlöst werden. Ich versuche, mich zu bewegen, doch sogleich ziehen sich die Muskeln an seinen Armen fest an und hindern mich daran. Er hat noch kein Wort gesprochen. Ich höre nur seinen leisen Atem. Kurz verlagert er seine Hüften und sein Schwanz drückt sich von hinten zwischen meine Beine. Ich bin so nass, dass er nur wenig Druck braucht, um ihn hineingleiten zu lassen. Laut stöhne ich auf. Ich spüre seinen dicken Stab über meine Vulva gleiten und sie empfängt ihn mit einem Schwall Feuchtigkeit, der aus mir herausfließt. Irgendwie ist es mir peinlich, diese Nässe. Er bewegt seine Hüften und eine Gänsehaut überzieht meinen Körper. Ich versuch, ihn zu leiten, dass er den Eingang findet und mich ausfüllt, doch er verwehrt es mir. Hält mich fest. Mein Kitzler ist schon überreizt und ich merke, wie sich die Wellen eines nahenden Orgasmus in mir aufbauen. Doch kurz davor hält er still. Frustriert schnaube ich auf. Doch sogleich verkrampfe ich mich, als ich seine große Eichel an meinen hinteren Eingang spüre. Nein, das will ich nicht. Dies war ein Tabu. Er würde doch nicht etwa? Ich will etwas sagen, als ich die Stimme in meinem Kopf vernehme. „Ruhig. Lass es geschehen. Er wird dir nicht wehtun. Entspann sich. Du wolltest Dominanz, nun nimm sie auch an."

Kann ich es zulassen? Meine Gedanken wirbeln durcheinander. Doch was habe ich für eine Wahl? Der Reiz nach diesem Verbotenen lässt meine Schamlippen zucken. Seine Hand auf meiner Hüfte zieht mein Bein nach hinten über seine. Ich spüre den kalten Lufthauch, der auf meine Muschi trifft, als meine Beine auseinandergezogen werden. Der Druck an meinen Schließmuskel erhöht sich. Noch bin ich verkrampft. Irgendwie will ich es nicht und irgendwie will ich es doch. Es tut weh oder doch nicht? Sein Phallus ist nass, trieft von meiner eigenen Feuchtigkeit und macht ihn geschmeidig.

Zitternd atme ich aus, versuche, mich zu entspannen. Ganz sachte merke ich den Finger, der meine Kehle streichelt. Ich konzentriere mich darauf, auf diese sanfte Berührung, und merke, dass sie mir Ruhe gibt. Sein tiefes, brummiges Stöhnen hinter mir erklingt wie Musik in meinen Ohren. Der Druck an meinem After wird größer und ich schreie leise auf, als seine Eichel meinen Schließmuskel durchbricht. Es ist ein irres Gefühl, verboten, heiß, stechend und auch irgendwie schmerzhaft. Seine Hand hält mich in Position. Er greift um meinen Schenkel, sodass seine Finger meinen Venushügel berühren, und drückt mich gegen sein eindringendes Glied. Mittlerweile zittere ich unkontrolliert. Mir ist so heiß und ich höre meine eigene Stimme laut schnaufen. Je tiefer er rutscht, desto mehr brennt es. Doch da ist auch diese Lust, die in nassen Wellen meine Muschi pulsieren lässt. War das denn richtig so? Ich verspüre Schmerz und Lust gleichzeitig. Diese Gedanken verwirren mich, als die Stimme sich wieder regt. „Ich bin bei dir, lass los, entspanne dich. Fühle und genieße. Konzentriere dich nur auf deine Erregung. Übergib dich ihm, vertraue darauf, er wird dir nicht wehtun und denke daran, du hast ein Codewort für den Notfall." Ich stutze. Ja, das Codewort. Wir hatten es vor langer Zeit einmal vereinbart. Doch wie war es. Im Nebel meiner Gedanken suche ich danach. Ich verspüre den Anflug von Angst, als es mir nicht gleich einfällt. An meinem Ohr höre ich seine leise Stimme. „Hexentanz."

Ohne es zu wollen, lache ich auf und sogleich weiß ich mich in Sicherheit. Die Anspannung der Angst fällt von mir ab und ich stöhne laut auf, als sein nun festes Eindringen in meinen verbotenen Eingang leichter zu gehen schien. Er passt, stelle ich fest, und das Brennen ist weg. Der Schmerz hat nur Lust auf mehr zurückgelassen. Die Hand an meiner Kehle greift fester zu. Seine andere Hand massiert meinen Kitzler und ich wünsche mir so sehnlichst, dass ein paar Finger auch in meine Vulva eindringen. Ich bin überreizt. Mir ist alles egal, was er macht, ich will fliegen und das jetzt gleich. Meine

Hüften versuchen, ihm entgegenzukommen, doch in dieser Stellung ist es mir nicht möglich, mich viel zu bewegen. Auch hindert mich sein Glied in meinem hinteren Eingang, das unentwegt, jedoch sanft in mich stößt. Ich vernehme sein Stöhnen, spüre die Hitze seines Körpers und seinen stoßenden Atem in meinem Nacken. Es lässt auch ihn nicht kalt. Erregt es ihn, mich zu dominieren? Mich auf diese Art zu benutzen? Dann dringen seine Finger in mich ein und ich kann nicht anders, als laut aufzuschreien. Mein ganzer Körper spannt sich an. Ja, ja, ja, das ist es. Überflutet von den Wellen meiner eigenen Lust, angespornt von seiner, vermischt sich unser hektischer Atem nach Erfüllung. Das Crescendo ist nah. Seine Bewegungen werden hektisch und seine Muskeln drückten mich feste an sich und nehmen mir die letzte Freiheit. Wie ein Tsunami bricht es über mich herein, als ich das laute Aufschreien seines eigenen Orgasmus höre. Die Wellen pulsieren durch meinen Körper. Schreie erklingen, Schreie der Freiheit, der Erlösung. Sind es seine oder meine, es ist egal, denn selbst diese Schreie helfen mit, die Erlösung noch intensiver zu erleben. Nichts bleibt in mir hängen, nichts halte ich zurück. Fast schwinden mir die Sinne und als die Wucht verklungen ist und die Nachbeben einsetzen, zittert mein ganzer Körper unkontrolliert in seinen Armen. Langsam lässt der Druck seiner Muskeln nach. An meinem Ohr höre ich seine leise geflüsterten Worte: „Danke für dein Vertrauen."

Ich sage nichts. Doch ich lausche auf meine innere Stimme, die flüstert. „Hexen tanzen unter dem Mond, heben die Arme gen Himmel und leben. Eine andere Option gibt es für sie nicht. Es ist ihr innerer Drang, das Verbotene in vollen Zügen auszuleben und darin liegt das Geheimnis ihrer Erfüllung verborgen. Lebe die Hexe in dir."

Ich lache herzhaft los. Hinter mir erklingt eine schnaubende, jedoch lächelnde Stimme. „Du verrückte Hexe." Dann werde ich wieder fest an seine Brust gezogen und gemeinsam schlummern wir ein.

Hinweis

Analverkehr ist für viele ein Tabuthema. Doch auch dort befinden sich enorme Reizregionen, die zu einem sinnlichen Vergnügen beitragen können. Oberstes Gebot, an Gleitmittel nicht sparen. Auch hier ist die Vorbereitung, das in Stimmung bringen und die volle Entspannung Voraussetzung. Mein Rat, man sollte auch im Vorfeld hier mit diversen Sextoys diese Region stimulieren. Sexspielzeug hilft sehr dabei, den Schließmuskel zu entspannen. Man kann es allein tun, jedoch auch mit dem Partner zusammen kann ein schönes Erlebnis daraus werden, bevor es richtig zur Sache geht.

Aufgewacht

Hexen hexen früh am Morgen, wenn der
Tag erwacht.
Die Augen noch geschlossen, die Gedanken
wandern weit,
die Hitze ihres Körpers, macht sich auf die
Seele breit.
Sie greift noch im leichten Schlummer nach
ihrem Zauberstab und beginnt den Tag vol-
ler Wonne denn das Leben ist ihr Gral.
Angeregt durch die Vögel vor dem Fenster,
wandern ihre Hände tief –
hinein in verbotene Regionen, die
wach waren, als sie schlief.
Feuchtigkeit empfängt sie sanft, das Leben
kraftvoll stark.
So startet die kleine Hexe in einen wunder-
vollen Tag.

Sommerillusion

Ich bin auf dem Balkon. Nur mit Bikini bekleidet liege ich auf der Sonnenliege. Die Sonne brennt heiß vom Himmel. Sie trifft auf meinen Körper und ich spüre die Hitze, die Kraft ihrer Strahlen. Meine Augen sind geschlossen hinter der dunklen Sonnenbrille. Meine Gedanken gehen auf Reisen in ferne Illusionen. Was gibt es Schöneres, als an so einem Sommertag, seinen Gedanken freien Lauf zu lassen? Ich höre die Vögel ihr Lied singen und das Summen der Autos in der Ferne, doch ansonsten ist es still. Meine Sinne legen sich konzentriert auf die Wärme der Sonnenstrahlen, ein Tropfen Schweiß sammelt sich zwischen meinen Brüsten und rinnt meinen Bauch hinab. Er löst ein Schauern aus. Meine Haut ist empfindlich. Genießt die Berührung. Mit dem Finger fahre ich dem Tropfen nach und kratze leicht mit meinem Nagel entlang. An meinem Bauchnabel mache ich Halt. Kann ich es wagen? Feucht ist meine Haut und hochsensibel. Bewegungslos liegt nun meine flache Hand auf meinem Bauch. Meine Zähne nagen an meinen Lippen. Überlegend halte ich die Luft an. Ich bin allein. Keiner kann mich sehen. Mein Freund ist nicht da. Also warum überlege ich? Mittlerweile ist meine andere Hand auf meine Brust gewandert und hat das Bikinikörbchen zur Seite geschoben. Ich habe es nicht einmal gemerkt. Ein Finger gleitet in kreisenden Bewegungen über meine Brustwarze. Sie ist feucht von der Hitze der Sonne. Schauer rinnen an meinem Körper hinab und das Verlangen, mich aufzubäumen, nimmt überhand. Tief ziehe ich den Atem ein und die heiße Luft rinnt meine Kehle hinunter. Mein Bikinihöschen ist nass. Ist es vom Schwitzen in der Sonne oder …? Langsam gleitet meine Hand vom Bauch tiefer, unter das Bündchen. Wie von alleine spreizen sich meine Schenkel, um den Zugriff zu gewähren. Ich stöhne leise auf, als die ersten Finger meinen empfindlichen Kitzler streifen. Wow, was für ein irres Gefühl. Muss ich mich schämen?, kommt mir in den Sinn. Doch ich verwerfe schnell wieder den Gedanken. He, ich bin allein und kann tun, was ich will. Intensiv konzentriere ich mich nun auf meine Finger an meinem Lustzentrum. Lasse einen tief hineingleiten. Ich bin feucht, so feucht – ich triefe schon fast. Wie schön wäre es jetzt, eine Zunge zu spüren, die mich aussaugt. Hände, die meine Schenkel festhalten und spreizen. Ich lege den Kopf nach hinten und strecke meinen Körper auf der Liege meinen Händen entgegen. In meiner Vorstellung kniet mein Freund zwischen meinen Beinen und leckt mich mit festen Zungenschlägen. Mir ist, als spüre ich jeden einzelnen Sonnenstrahl auf meiner Haut und holla, sie streicheln mich. Ich darf nicht zu laut sein, verbeiße mir das Stöhnen. Die Nachbarn sollten nicht mitbekommen, was ich gerade tue. Das wäre superpeinlich. Doch es hält mich nicht davon ab, die Gefühle zu zulassen. Ich verbeiße mich in meinen eigenen Lippen und mein Herz galoppiert in meiner Brust auf Hochtouren. Mein Körper ist nicht mehr still und ich merke die Feuchtigkeit der Hitze, die sich unter mir sammelt. Feste streifen meine Finger über meine Vulva, genau so, wie ich es mag. Woher wissen die das bloß? Kurz lache ich auf und presse die Augen noch fester zusammen. Mir ist leicht schwindelig. Ist es von der Sonne oder von der Erregung, die mich erfasst hat? Egal, ich brauche es so dringend. Die Spannung in meinem Sein ist kurz vor dem Höhepunkt zu explodieren. Ich schalte die Welt ab, die mich umgibt, und tauche ein in meine Illusionen von Freiheit, fliegen, fühlen, einfach nur sein. In mir baut sich etwas Großes auf. Meine Hände verwöhnen mich auf eine Art, die mich aufs Äußerste erschauern lässt. Das Wissen, hier draußen zu liegen, umgeben von der öffentlichen Welt und doch verborgen, regt mich noch mehr an. Im Fernen höre ich ein Schnaufen, es klingt erregt. Ist es mein eigenes? Egal, ich stecke nun fest in meinen Ruf nach Freiheit. Die Wellen der bevorstehenden Ektase beginnen meinen Rücken hinaufzuwandern. Mein ganzer Körper bäumt sich auf.

Die Liege knarrt und ich öffne die Augen. Mein Blick trifft auf seinen. Er steht im Türrahmen, seinen Schwanz fest in der Hand, mich beobachtend. Ich explodiere, schreie laut auf. Er folgt mir. Ich sehe, wie sich sein Gesicht verkrampft und höre, wie er laut aufstöhnt. Vergessen sind die Nachbarn, die öffentliche Welt um mich herum. Sollen sie denken, was sie wollen, denn ich lebe.

Sehr langsam beruhigt sich mein Herzschlag. Mein Blick hält noch immer seinen fest, als er leise flüsterte: „Meine leidenschaftliche Hexe."

Begierde

Ich schließe die Augen, will es erlauben.
Der Reiz verführt zum sinnlichen Spiel.
Ich höre das Klopfen meines Herzens in Erwartung, was kommen mag.
Wehrlos und hemmungslos gebe ich mich dir hin.
Begierde
Reiz
Erfüllung
Deine Hand berührt mich und ich erschauere im Verlangen.
Mal sanft – mal hart
Fasst du mich an und endlich nimmst du mich auch ran.
Gefühle – Schreie
Ich will dich in mir haben und Stoß für Stoß du mich erfüllst und meine Sehnsucht endlich stillst.
Ich brauche dieses Gefühl der Lust, um innerlich zu leben.
Dein Atem spornt mich an.
Ich fühle diese Kraft, die auf meinen Körper zielt.

Ich sehe mit geschlossenen Augen die Be-
gierde in dir schweben.
Unser Spiel – unsere Lust
Ungezügelt in Ekstase wirst du spüren, um
deine Seele ist es längst geschehen.

Die Macht der Gier

Schon lange hattest du einen Traum. Doch ihn auszuleben, keinen Mut. Doch als Hexer mit deiner Hexe ist alles möglich. Mit verbundenen Augen liegt sie vor dir. Nackt, gespreizt und regungslos. Ausgebreitet in ihrer ganzen Pracht. Die Kurven an der richtigen Stelle. Deine Augen wandern an ihr herab. Du siehst, wie ihr Atem ihre Brust erhebt, wie ein Schauer der Erwartung über ihre Haut fährt. Zwischen ihren Schenkeln glitzert die Feuchtigkeit, die du so liebst. Dir läuft das Wasser im Mund zusammen. Mühsam schluckst du. Werde ich ihren Anforderungen gerecht werden?, fragst du dich in Gedanken. Ist mein Traum auch ihr Traum? Doch du hast mit ihr offen darüber geredet und sie hat dir ihr OK gegeben. Also, um was machst du dir Sorgen? Außerdem hat sie das Safeword. Sie kann es beenden, wenn es ihr nicht gefällt. Ihren Körper nur zu betrachten, lässt dich schneller atmen und deine eigene Gier fährt in dein Glied, das sich ihr entgegenstreckt. Du musst dich zügeln, noch ist es nicht so weit. Langsam trittst du näher heran. Beugst dich zu ihr und sanft legen sich deine Lippen auf ihre. Deine Hexe kommt dir sofort entgegen und ihr ganzer Körper reckt sich empor. Eure Zungen tänzeln und verschlingen sich ineinander. Hinter dir nimmst du eine Bewegung wahr. Du weißt genau, was kommt, jedoch macht es dich einen Moment unsicher. Willst du sie wirklich teilen? Deine Hexe, deinen Besitz. Doch schnell verwirfst du den Gedanken, denn es ist kein Teilen. Die Hexe gehört dir, dir allein. Niemandem sonst. Sachte spürst du die Berührung einer öligen Hand an deinem Rücken hinabgleiten. Sie ist rau, groß, jedoch sehr sanft. Deine Lippen lösen sich und wandern zur Kehle hinunter. Sie streckt ihren Kopf, damit du sie besser erreichen kannst. Ja, das mag sie. Langsam nimmst du deine Hände dazu und streichst über ihre Formen. Drückst zu und lässt sie spüren, wie sie dir gefallen. Sie ist füllig, an genau den richtigen Stellen. Du liebst es so, weich, nicht kantig, sondern rund. Konzentriert huldigst du ihrem Körper. Über ihr gebeugt, berührt dein Phallus ihre Hüfte und sogleich hebt sie sich entgegen. Ein Stöhnen entringt ihr und instinktiv entschlüpft es auch dir. Die Hände auf deinem Rücken lenken dich ab, als sie deinen Hintern erreichen, ein Knie auf dem Bett spreizt deine Beine. Das Verlangen, die Hand dazwischen zu empfangen, lässt dich erzittern. Doch es kommt besser. Gierig wirst du von Armen umschlungen und ein harter Körper drückt sich gegen dich. An deinem Ohr hörst du es flüstern: „Es ist an der Zeit, es zu enthüllen.“ Dein Stichwort und doch bist du unsicher. Doch wer A sagt, muss auch B sagen. Langsam löst du die Augenbinde deiner Hexe. Tief fängst du ihren Blick ein. Schaust hinein bis zu ihrer Seele. Ihr Blick wandert an dir vorbei und ihr Atem stockt, dann fährt er zurück zu dir und du liest in ihr wie in einem offenen Buch. Begierde, Erregung, Überraschung und ungezügelte Lust. Du hauchst ihr entgegen: „Wir sind deine Diener. Befiehl uns.“

Ihre Hexenaugen werden groß und ein Glitzern erstrahlt darin. Von männlichen

Armen umschlungen stehst du noch da. Ein Bein auf dem Bett. Ist es dir unangenehm? Nein, komischerweise nicht. Du spürst seinen erregten Phallus an deinem Rücken, doch es erregt dich nur mehr. Dass er deine Hexe nackt sieht, ihre perfekten Rundungen, ja, das gefällt dir nicht so ganz, doch du schiebst den Gedanken weg. Hände greifen von hinten nach deinem Schaft. Du atmest tief auf, den Blick mit deiner Hexe verworren. Ihr Blick geht hinab, dorthin, wo die Hände dich umschließen. Langsam leckt sie sich die Lippen. Es ist die pure Erotik darin, die dich erzittern lässt.

„Was willst du?“, fragst du sie leise.

Sie holt Luft und ihre Brüste recken sich dir entgegen. „Leg dich aufs Bett und koste meine Feuchtigkeit, während er dich mit seinen Lippen verwöhnt.“

Sie setzt sich auf Knien auf und du legst dich hin. Kurz ist dir kalt, denn du musst aus der warmen Umarmung heraus, doch du hast deiner Hexe die Macht gegeben, nun musst du sie auch erfüllen. Sogleich schwingt sie ihre Schenkel über dich, sodass ihre heiße nasse Muschi genau vor deinen Lippen schwebt. Ihr Blick geht nach vorn. Du ziehst tief ihren Duft ein und die Gier wächst in dir. Deine Hände umfassen ihre Hüften und bringen sie näher heran. Es ist Ambrosia, als die Nässe deine Lippen berührt. Das Bett bewegt sich leicht und dann spürst du diese kraftvollen Hände wieder, die deine Schenkel umfassen und leicht spreizen. Du möchtest die Hüften heben, doch sie werden festgehalten, ans Bett gedrückt mit hartem Griff. Dann folgen die Lippen, nicht sanft und zaghaft, sondern wild und fest saugen sie deinen Phallus ein, in einem Zuge, dass du am liebsten laut aufschreien würdest, doch deine Zunge steckt in deiner Hexe und ihre Feuchtigkeit überschwemmt dich. Die eine Hand an deinen Schenkeln wandert zu deinen Hoden und weiter hindurch. Ruhig bist du schon lange nicht mehr. Doch Luft zum Stöhnen hast du nicht. Du hörst, wie deine Hexe keucht, und merkst ihre Hände, die sich auf deine Hüften stemmen und diese ans Bett fesseln. Der Finger, der sich in deine Rosette verirrt, lässt dich aufjapsen und ein unheimlicher Druck entsteht in dir. Es sind so viele verschiedenen Gefühle und Empfindungen, die auf dich eintreffen. Das feste, fast schmerzhafte Saugen deines Schaftes durch die männlichen Lippen, die Bewegungslosigkeit durch den Druck der Hände auf deinen Hüften, der Finger, dem nun ein zweiter folgt in deinem Hintern, und diese atemberaubende Feuchtigkeit, die deinen Mund füllt. Bist du abartig?, kommt dir in den Sinn. Doch sogleich verwirfst du den Gedanken, denn es ist egal im Augenblick, du gierst nach diesem Gefühl, brauchst es jetzt, genau so. Doch dass männliche Lippen dich verwöhnen, das macht dir schon etwas Gedanken, aber deine Hexe ist bei dir, also kann es nicht falsch sein. Ihr Saft läuft dir heiß in den Mund und wenn es sie aus ihrer Perspektive erregt, dann kann es nur richtig sein, es zu zulassen und auch auszukosten. Plötzlich ist der Mund an deinem Schaft weg und die Finger sind verschwunden. Sogleich trifft dich ein Schwall von Frustration und du stöhnst laut auf. Auch die Zungenhaftung mit deiner Hexe verschwindet, als sie sich von dir erhebt. Irritiert schaust du beide an, als du einen feuchten Kuss bekommst und deine Hexe dir zuflüstert: „Stellungswechsel. Ich möchte sehen, wie er dich nimmt.“ Das verschlägt dir kurzzeitig den Atem. Bist du bereit dafür, so weit zu gehen? Doch das Zittern deines Körpers spricht eine andere Sprache als dein Kopf. Sie legt sich neben dich, halb sitzend am Kopfteil des Bettes, die Beine weit gespreizt, und klopft auf ihre glänzende Vulva, unter der sie noch ein Kissen drapiert hat, so hast du einen geilen Einblick in die Feuchtigkeit. Sie haucht dir zu: „Hier möchte ich deine Zunge haben.“

Kurz blickst du zu dem Mitspieler. Er wartet regungslos mit steil aufrecht stehendem Schwanz in seiner Faust. Er blickt dich direkt an und leckt über seine Lippen. Wow, denkst du. Steht er für mich oder für meine Hexe? Ein kurzes Aufflackern von Eifersucht, das du jedoch schnell verdrängst, denn hier geht es um etwas anderes, da hat dieser Gedanke keinen Platz und ist auch kein Thema. Schnell kniest du dich zwischen ihre Beine. Ihr Blick trifft auf deinen und es kommt dir wie Stunden vor, als ihr Blick dich versenkt. Ihre Hand legt sich behutsam auf deinen Kopf und drückt ihn näher an sich heran. Gerne würdest du ewig in ihrem Blick verweilen, doch sie flüstert dir zu: „Meine Leidenschaft ist deine Leidenschaft, meine Gier ist deine Gier. Meine Träume sind deine Träume. Nimm, was ich dir gebe, denn deine Erfüllung ist meine Erfüllung."

Du hast keine Zeit, über diese Worte nachzudenken, denn deine Hüften werden von starken Händen in die Höhe gerissen, sodass du auf Knien landest, dein Kopf versenkt in dem triefenden Schoß deiner Hexe. Sogleich spürst du etwas Öliges an deinem Hintern. Aufgeregt hörst du deinen eigenen Herzschlag in deiner Brust klopfen. Der Duft der Erregung auf deiner Zunge lässt die Realität in Nebel versinken. Der Punkt ist da, an dem dir alles egal ist, was passiert. Du bist übersensibel. Sogar die Hände deiner Hexe, die deinen Kopf gegen sich drücken, jagen dir Schauer bis in die Haarspitzen. Eine glitschige Hand greift um dich herum nach deinem Phallus, der erregt unter dir hängt. Sogleich bewegen sich deine Hüften, doch der männliche Körper presst sich gegen dich, sein Glied fährt zwischen deine Beine, von hinten an deinen Hoden entlang. Es ist erregend, bizarr und ... ist es abartig? Nein, auf keinen Fall. Es ist geil, diesen Schwanz zu spüren, fest drückt er gegen deine Hoden und die Wurzel deines Schaftes, der von der Faust, die um ihn liegt, feste massiert wird. Der Druck des Körpers auf deinen Rücken und der Duft in deiner Nase, der Duft der Gier deiner Hexe. Du hörst ihr Herz galoppieren, im Gleichklang mit deinem. Ihr Stöhnen klingt wie Musik in deinen Ohren und du schmeckst die Nässe, die aus ihr dringt. Wir sind eins, denkst du gerade verblüfft, als sich der Luststab an deinem hinteren Muskel positioniert und langsam den Druck erhöht, um einzudringen. Das Öl lässt es zu, dass dein Schließmuskel die Eichel verschlingt. Ganz sachte erhöht sich der Druck und etwas nervös wirst du schon. Doch sogleich ist da die Stimme deiner Hexe. „Pssst, genieße, was ich dir schenke, lass es zu. Es ist richtig. Lass uns Träume verwirklichen."

Mittlerweile saugt deine Zunge gierig und gerne würdest du deine Finger dazu nehmen, doch die brauchst du, um dich in dieser Position abzustützen. Das macht das Ganze noch bizarrer. Es ist eine so dominante Stellung, die dir wenige Möglichkeiten gibt, selbst zu handeln. Du kannst es nur zulassen, was auch immer kommen mag. Der Druck erhöht sich und mit jedem raus und wieder rein gleiten des Phallus in deinem Hintern dringt er tiefer ein. Er schabt über genau diesen Punkt in dir, der dich irre macht. Er stößt deine Prostata und am liebsten möchtest du laut aufschreien, denn es ist ein irrsinniges Gefühl und es baut sich etwas Enormes auf. Am liebsten würdest du „Genug" rufen. Doch dein Mund labt sich, wie von selbst, voller Gier an deiner Hexe. Es sind so viele Empfindungen. Die wehrlose, dominante Stellung, die triefende Feuchtigkeit und der Duft auf deiner Zunge, die erregenden Töne deiner Hexe in deinen Ohren. Ihre Hände, die sich in Ekstase in deine Kopfhaut krallen. Die kräftige Faust, die deinen Schwanz bearbeitet, im Gleichtakt der Stöße des Schaftes in deinem Hintern. Dieses Kribbeln in dir, wenn er deine Prostata streift. Hitze überzieht mittlerweile deinen Körper und der Lustschweiß läuft dir am Körper hinab und macht deine Haut noch sensibler. Auch kommt das männliche erregte Schnaufen noch hinzu, das sich mit den Tönen deiner Hexe vermischt. Deines – nein. Du hast das Gefühl zu platzen, so gerne würdest du all diese Gefühle freilassen, mit einstimmen in die Musik der Ekstase. Dein Inneres ist voller Begierde nach Erlösung. Du spürst schon den Druck, der sich aufbaut, und das Verlangen zu schreien nimmt überhand. Ein lautes Aufheulen, gleich eines Orkans am Höhepunkt, überflutet deinen Mund mit Ambrosia, als deine Hexe ihre Erfüllung findet. Ein Stoß, kräftig, fest von hinten reißt dich mit und kickt dich, mit einem lauten Schrei mit in die Ekstase. Dein Herz rast in deiner Brust und lässt sie fast bersten. Du knickst ein, den Kopf seitlich auf dem Venushügel deiner Hexe liegend.

Du merkst nicht, wie er sich entfernt. Wie im Nebel nimmst du wahr, wie sich die Schlafzimmertür mit einem Klicken schließt. Eine Hand streichelt zart deinen Kopf und deine Schultern und deine Hände fahren sanft über die weiche Haut, die noch feucht ist von der erlebten Leidenschaft. Diese Zeit, wenn sich das Herz langsam wieder beruhigt und die Atmung sich regeneriert, ist die Zeit, die das Erlebte zum Lebensgefühl macht. Du lauschst. Da war doch gerade ein fremdes Geräusch. Leise hörst du deine Hexe lachen und ihr Bauch hebt sich dabei. „Schau mal an die Decke", flüstert sie dir zu. Ein lachender Smiley leuchtet an der Decke und darunter steht ein Satz. „Gruß von der Erfüllungshexe."

Hinweis

Ja, ich habe es gewagt und gerade den Mann in diese Geschichte einfließen lassen und dann gleich noch mit einem Fick. Wer jetzt denkt, das ist abartig, liegt vollkommen falsch, oder wer jetzt denkt, das gibt es nicht, der liegt erst richtig falsch. Bi-veranlagte Männer gibt es genauso wie bi-veranlagte Frauen. Warum auch nicht, denn in unseren Köpfen tanzen oftmals die wirrsten Gedanken. Er ist nicht schwul, nur weil er auch einmal eine Fantasie zu dritt ausleben möchte. Genau so wäre es, wenn die Frau die Fantasie mit zwei Männern hat oder von einer Frau verwöhnt werden will. Sich seinen Partner anzuvertrauen, mit ihm darüber zu reden, ist sehr wichtig. Zu akzeptieren, wenn er nicht damit klarkommt. Wenn er neugierig wird – denkt immer daran, es geht nur ums Ausleben sexueller Fantasien. Nur gemeinsam im Einverständnis. Keine Alleingänge. Präzise Regeln aufstellen. Heutzutage sollte das alles kein Tabuthema sein oder als unnormal bezeichnet werden. In uns schlummert viel, wenn wir es uns nur eingestehen. Lebt es aus und hört auf, es zu verurteilen.

Nachtgedanken

Nackt liege ich im Bett und schließe die
Augen.
Doch anstelle von Dunkelheit sehe ich
dich.
Dein Blick verbrennt mich, lässt mich er-
schauern.
Ich lese darin wie in einem offenen Buch,
was du mit mir tun wirst.
In Erwartung halte ich die Luft an und du
lächelst.
Wie von alleine spreizen sich meine Beine
Und dein Blick fällt auf die Feuchtigkeit
dazwischen.
Es ist eine Huldigung und wir wissen beide,
was geschehen wird.
Du im Bestreben, dir zu nehmen,
was dir zusteht, und ich in freudiger Erre-
gung.
Fantasie, Träume – heiß, erregend, betö-
rend, wild, ekstatisch.
Warum?, frage ich mich – ist es keine Rea-
lität?
Ich blicke dich an.

Sehe den gleichen Drang nach diesem Lebensgefühl in deinen Augen.
Doch ich sehe auch dein Zögern,
Unsicherheit und Angst, dich zu verlieren.
Lass los, flüstere ich dir zu. Nimm, was dir die Hexe bietet.
Im Traum und in der Fantasie erhörst du mich.
Leidenschaft, Dominanz, Verlangen,
Wärme, Wertschätzung …
Ich schrei auf – lass es hinaus, dieses Lebensgefühl –
ich fliege, als dein Mund auf meine Feuchtigkeit trifft.
Ein Traum, eine Fantasie –
erregend, feucht, verbrennend, sehnsuchtsvoll
und doch fehlt am Ende etwas und lässt die Hexe frierend zurück.
Die Realität –
die das ganze Perfekt machen würde.

Vorspiel

Du betrittst die Bar. Es ist voll. Testosteron überall, wo du hinschaust. Starke, muskelbepackte Männer. Nur wenige Frauen siehst du dazwischen. Ein Schauer rinnt über deinen Rücken. Du fühlst dich beobachtet und angestarrt. Die Musik wummert laut und der Bass setzt sich in deinem Inneren fest. Sie muss hier irgendwo sein. Du weißt es, denn sie hat es dir gesagt. Langsam gehst du weiter. Du möchtest nicht auffallen, also zuerst zur Theke und ein Getränk holen. Du gibst deine Bestellung auf. Whisky, was auch sonst? Dein Glas ist beschlagen von dem Eis darin, als du es entgegennimmst. Die Kühle rauscht durch deine Finger und Tropfen perlen daran herab. Dein Blick wandert durch die Bar. Wo mag sie bloß sein? Wird sie dich erwarten? Wie wird sie reagieren? So viele Fragen gehen dir durch den Kopf und vor allem, was wirst du tun? Etwas unterbricht die Lautstärke der Musik für dich. Ein Lachen. Es ist eine Melodie in deinen Ohren, zieht dich an. Sie ist hier?, sagen dir deine Sinne.

Angelockt von dem Lachen schreitest du durch die Männer darauf zu. Deine Augen entdecken sie. Dort in der dunklen Ecke, umgeben von männlichem Testosteron, steht sie, mit einem Glas Whisky in der Hand und lacht. Dein Kopfkino schaltet sofort auf on. Ruckartig bleibst du stehen und beobachtest sie. Was hatte sie gesagt? „Wenn du mich entdeckst, komm nicht näher. Beobachte mich und stell dir vor, was ich mit dir machen würde, wenn wir jetzt alleine wären und du mit mir."

Dein Herz klopft laut in deiner Brust. Du siehst sie an. Noch hat sie dich nicht gesehen. Glaubst du zumindest. Sie führt ihr Glas zu ihren Lippen. Ganz langsam trinkt sie einen Schluck. Dein Blick fällt auf ihre Gurgel und du nimmst ihr Schlucken wahr. Leicht ist ihr Kopf dabei nach hinten gebeugt. Das Glas löst sich von ihren Lippen und du siehst die Feuchtigkeit, die darauf zurückgeblieben ist. Es glänzt im dunklen Licht. Wie gebannt starrst du darauf. Dein Kopfkino lässt dich diese Lippen um deinen Schaft spüren und die kalte Schärfe des

Whiskys umspült deine Eichel. Sofort wirst du hart. Deine Hose wird eng und du stöhnst gequält auf. Wie kann es möglich sein, dass dich alleine diese kleine Sache von ihr so erregt? Krampfhaft schließen sich deine Hände um dein Glas. Am liebsten möchtest du ihn zurechtrücken, doch mit den ganzen Männern um dich herum ... ein No go. Dein Blick hängt an ihren Lippen, als sie sich leicht öffnen und die Spitze ihrer Zunge hervorkommt und darüberfährt. Dir kommt es vor, als hätte sie dir über die Schwanzspitze geleckt. Du würdest so gerne zu ihr hingehen und deine Lippen auf ihre legen. Sie schmecken, die zurückgebliebene Feuchtigkeit auflecken. Dein Blick wandert zu ihren Augen und du erschrickst. Sie starren dich an, direkt hinein in deine. Sie fesseln dich, lassen dich kurz das Atmen vergessen. Du nimmst wahr, dass sie sich leicht bewegt, ihr Gewicht verlagert. Ist sie auch erregt? Feucht für dich? Deine Augen reißen sich los und du schaust auf ihre Brust. Was hat sie da überhaupt an? Ein tiefes Dekolleté empfängt dich und du siehst, wie es sich heftig hebt und senkt. Ja, sie ist erregt und ganz sicher feucht. Die Musik im Raum wird dumpf, wie im Nebel hörst du sie nur noch. Deine Sinne konzentrieren sich ganz auf sie. Du stellst dir vor, wie du vor ihr niederkniest, ihr den Rock anhebst und die Feuchtigkeit kostest. Was hat sie gesagt? „Lass unser Kopfkino die Sache regeln."

In deinem Kopf schmeckst du die Nässe auf deinen Lippen und Speichel bildet sich in deinem Mund. Dieser salzig, cremige Geschmack, den nur sie hat. Schnell nimmst du einen Schluck Whisky und schaust ihr dabei in die Augen. Doch ihr Blick hängt an deiner Gurgel. Du schluckst und fast hättest du dich verschluckt. Denkt sie das Gleiche wie du vorhin? Dein Glas von den Lippen nehmend, kommt dir ein Gedanke. Was sie kann, kannst du auch. Deine Zunge schlüpft aus deinem Mund und leckt die Feuchtigkeit von deinen eigenen Lippen. Ihr Blick versinkt in deinen. Ja, sie ist mächtig angeturnt. Das Spiel können auch zwei spielen. Langsam senkt sich deine Hand und rückt deinen Schwanz zurecht. Scheiß auf die um dich herum. Männer machen so etwas öfters, also voll normal. Ihr Blick verfolgt deine Bewegung. Das macht dich tierisch an. Sie lacht hell auf und die Männer um sie herum schauen etwas verstört. Wahrscheinlich hat ihr Lachen überhaupt nicht zum Gespräch gepasst. Doch so ist sie eben. Ihr ist es egal. Wenn sie lachen will, lacht sie. Sie langt nach hinten, rückt sich einen Barhocker näher und schwingt sich mit einer Pobacke darauf. Ein Bein steht auf der Halterung, das andere noch auf dem Boden. So sind ihre Beine leicht gespreizt und dir kommt es vor, als riechst du den Duft ihrer Erregung. Eine ihrer Hände legt sich auf die Höhe ihres Schamhügels. Was hat sie vor? Gebannt beobachtest du die Hand. Ganz leicht, kaum wahrnehmbar bewegt sie sich kreisend darüber. In ihren Augen steht eine unausgesprochene Frage. Hektisch wechselst du zwischen ihren Augen und ihrer Hand hin und her. Du siehst den sanften Druck, den sie ausführt. Du siehst, wie sich ihre grünen Augen verdunkeln. In deinem Kopf herrscht Chaos. Was wird sie als Nächstes tun? Wie magisch angezogen fällt dein Blick auf ihre Lippen. Du hast gar nicht gemerkt, dass sie das Glas abgestellt hat. Ein Finger ihrer anderen Hand streicht gerade darüber und sie saugt ihn ein. Für Außenstehende mag es so aussehen, als leckt sie ihn sich ab. Doch du weißt genau, was sie dir damit sagen will. Nur du nimmst das leichte Saugen wahr, und nicht an ihrem Finger, sondern an deinem Phallus. Hitze krabbelt dir den Rücken hinauf. Das Biest macht dich fertig. Der Drang, zu ihr zu gehen, wird größer. Dein Blick fängt ihren ein und du versinkst darin. Die Lachfältchen um ihre Augen sind stark ausgeprägt und du weißt, dass sie genau weiß, was sie gerade anstellt. Fast hörst du ihr innerliches Lachen. Es ist genug, denkst du dir. Kopfkino hin oder her, die Realität ist einfach schöner. Langsam setzt du dich in Bewegung. Drückst dein Glas dem Erstbesten in die Hand. Sie verfolgt jeden Schritt von dir. Du drängst dich an den anderen vorbei. Sie sollen verschwinden, denn sie schätzen sie nicht. Wissen nicht, dass pure Ekstase vor ihnen sitzt. Es ist deine, ganz alleine deine. Deine Hand ergreift ihren Hinterkopf und zieht ihn an dich heran. Kurz vor ihren Lippen, bevor du sie mit deinen verschließt, murmelst du: „Du heiße Hexe.“ Deine andere Hand umschließt ihre auf ihrem Schoß und drückt zu. Ihr Stöhnen in deinem Mund ist Musik in deinen Ohren. Du fühlst, wie ihr Körper erbebt, wie ihr Schauer über die Haut jagen. Am liebsten würdet du es ihr gleichtun. Doch das muss warten. Eure Zungen tanzen miteinander und führen sie durch ihre Ekstase hindurch. Sie ist wirklich gekommen. Hier, zwischen all dem Testosteron, und doch nur für dich. Das lässt dich noch härter werden. Sie drückt dich mit einer Hand an sich. Genug ist genug – denkst du, schnappst ihre Hand und ziehst sie vom Barhocker Richtung Ausgang. Du hörst ihr glockenhelles Lachen hinter dir und siehst die verdutzen Gesichter der Menschen um dich herum. Doch gezielt steuerst du nach draußen – raus aus deinem Kopfkino, rein in die Realität und die wird heiß werden, sehr heiß. Denn dieses Vorspiel hat etwas in dir geweckt. Etwas Animalisches und Kräftiges.

Leise hörst du ein Flüstern: „Viel Spaß wünscht die Vorspielhexe.“

Hinweis

Schon mal ein Spiel gespielt? Trefft euch zu einem ersten Date, egal, wie lange ihr zusammen seid. Reizt euch gegenseitig, macht euch heiß, es macht so viel Freude und Lust auf mehr.

Verlangen

Verlangen, ungezügelt, frei.
Die Gier bei dir, so wie bei mir.
Erfasst gemeinsam vom Orkan,
aufgewirbelt und getrieben.
Im Rausch der Gedanken treiben wir dahin.
Auf der Suche nach Erfüllung,
die uns Ekstase bringt.
Feuchtigkeit sammelt sich,
sobald die Winde des Sturms mich errei-
chen
Du streckst dich mir entgegen.
Die Sucht ist es, die dich leitet.
Der Duft der Gier ganz ungeniert.
Gleich einem Tanz auf dem Vulkan.
Vercint im heißen Lavafluss.

Spielzeit

Ratlos stehst du vor deinem Nachttisch und starrst auf die kleine Truhe, die wie von Zauberhand plötzlich dort steht. Gerade war sie noch nicht da. Langsam trittst du näher und zaghaft streicht deine Hand darüber. Sie ist echt. Du spürst das Holz unter deinen Händen. Verzierungen und Schriftzeichen übersähen sie. Beim genauen Hinsehen siehst du das Schloss. Was wohl darin verborgen ist? Deine Neugier ist geweckt. Arme umfangen dich von hinten und ein sinnlicher Körper drückt sich an dich. „Lass uns spielen“, flüstert ihre Stimme dir ins Ohr. Du musst lächeln und greifst nach ihren Händen, die deine Brust entlangwandern. Dein Blick liegt noch auf der Truhe vor dir. Gebannt hörst du ein Klicken, als das Schloss aufspringt. Sogleich macht sich deine Süße frei und tritt um dich herum. Zielstrebig öffnet sie den Deckel.

„Vorsicht“, rufst du noch, doch da ist es schon zu spät. Weit offen steht die Truhe und offenbart ihr Geheimnis. Typisch, denkst du. Neugierig und ohne Rücksicht geht sie voran. Du beobachtest gebannt ihre Hände, die nach innen greifen und den ersten Gegenstand herausholen. Du erkennst es als eine Flasche Öl.

„Leg dich hin, ich werde dich verwöhnen und dir damit eine sinnliche Massage geben."

Das lässt du dir nicht noch mal sagen und dein Körper hat das Laken schon berührt, bevor du den Gedanken überhaupt zu Ende gedacht hast. Sogleich kniet sie sich neben dich und ihre Hände beginnen das Spiel. Kurz überlegst du, was noch in der Truhe sein könnte, doch schnell lenken dich die öligen Hände und der angenehme Duft ab. Gleichmäßig und kräftig wird dein Rücken bearbeitet. Vom Nacken über die Seiten, an der Wirbelsäule entlang suchen sie sich ihren Weg. Dein Körper entspannt sich und du trittst ein in das Reich des Wohlfühlens. Du spürst Tropfen auf deinen Lendenwirbeln, die sofort von den Händen verteilt werden und deine Pobacken kräftig kneten. Finger suchen sich einen Weg dazwischen, fahren kurz darin entlang und sind gleich wieder weg. Gerne würdest du gerade dort intensiver massiert werden. Voller Erwartung hältst du die Luft an, als sich das nächste Mal die Finger der Hände verirren. Doch diesmal drücken sie sanft zu, genau über deinen Muskelring, und du streckst ihnen deinen Hintern entgegen. Etwas wird über deinen Rücken bewegt. Es fühlt sich an wie eine Kette. Es ist nicht unangenehm und trotz allem fängt dein Herz zu rasen an. Was hat sie jetzt wieder vor? Langsam ziehen sich die Glieder der Kette durch deine Hinterbacken. Jetzt merkst du auch deren Beschaffenheit. Uneben, kugelig und die Größen variieren. „Geh auf deine Knie“, raunt dir ihre Stimme zu. Dein Körper gehorcht ihr ohne dein Zutun. Nun kniest du vor ihr und streckst deinen Hintern nach oben. Doch wider Erwarten bewegt sich das Bett, als sie von dir ablässt und sich neben dich setzt. Mit leicht gespreizten Beinen und einem Lächeln auf den Lippen schaut sie dich an. Sogleich möchtest du nach ihr greifen, doch sie flüstert: „Bleib so, schau nur.“ Dein

Blick fällt zwischen ihre Beine. Ihre Hände halten drei Kugeln in der Hand, die mit Bändern verbunden sind. Sie streicht damit über ihre Schamlippen und die Feuchtigkeit glänzt dir entgegen. Wie gern würdest du deine Lippen drauflegen und diese wegschlecken. Doch ihre Bitte ist dir wichtig, also verharrst du. Langsam verschwindet Kugel für Kugel in ihrem Lustzentrum. Nie hättest du gedacht, dass dich das so anmachen könnte. Doch dein Schwanz wäre jetzt gerne einer dieser Kugeln, so bereit stellt er sich auf. Ihr helles Lachen lässt dich in ihre Augen blicken und du siehst ihre eigene Erregung darin.

„So, nun werde ich mich um dich kümmern." Kaum hat sie es ausgesprochen, klappen ihre Beine mit den Kugeln im Inneren zusammen und sie krabbelt hinter dich. Wieder fühlst du ihre Hände auf dir und die Kette ist plötzlich wieder da, die Kugeln. Waren diese nicht gerade in ihr verschwunden? Du konzentrierst dich auf das Gefühl in deiner Poritze. Nein, diese Kugeln fühlen sich anders an und es sind mehr als drei.

Doch sie sind ölig und geschmeidig. Die glitschigen Finger, die gerade noch deinen Muskel massiert haben, verschwinden und du spürst den Druck.

„Ganz locker, entspann dich“, hörst du ihre Stimme. Ein lautes Stöhnen entfährt dir, als der Druck größer wird und die erste Kugel deinen Schließmuskel durchdringt. Sie scheint nicht gerade groß zu sein und es ist ein angenehmes Gefühl. Doch kaum hast du den Gedanken gedacht, folgt ein weiterer Druck und eine zweite Kugel dringt ein. Durch das Öl geschmeidig und locker, geht es ganz leicht. Doch du merkst auch, dass diese Kugel etwas größer ist. Begleitet von einem Finger, der daneben in dich fährt und genau deinen sensiblen Punkt anfängt zu massieren, folgt auch schon eine dritte Kugel. Der Druck macht dich an und der Finger lässt dich erzittern. Die Erkenntnis trifft dich hart und lässt dich erschauern. Das Biest setzt dir eine Analkette. Warum bist du nicht früher darauf gekommen? Der Gedanke macht dich megageil und nun ist es ein Leichtes für sie, dich auch mit den letzten drei Kugeln auszufüllen. Du fühlst dich gedehnt, spürst ein leichtes Brennen, bekommst das Gefühl, dass du sie herausdrücken musst, doch dann erwischt dich der Finger in deinem Inneren und von außen drückt ihr Daumen genau an die richtige Stelle hinter deinen Hoden und deine Prostata zieht sich zusammen und pulsiert. Japsend lebst du dieses Gefühl aus. Dieser besondere Orgasmus, der alles in dir zusammenzieht. Der Druck der Kugeln gibt dir den Rest.

Langsam kommst du wieder zu dir. Deine Süße liegt neben dir, schaut dich an. In ihren Augen glitzern Sehnsucht und Gier. Sie schubst dich an und du drehst dich auf den Rücken. Die Verlagerung lässt dich aufstöhnen, denn du erkennst, dass die Analkette immer noch in dir ist. Sie reizt dich weiter, doch du wirst abgelenkt, als sie sich über dich schwingt und ihr Lustzentrum vor deinem Gesicht erscheint. Der Duft fängt dich ein, dein Blick sieht das Bändchen der Liebeskugeln und die Feuchtigkeit, die herausläuft. Widerstehen kannst du nicht und gierig saugen sich deine Lippen daran fest. Dein Phallus steht, denn der innere Orgasmus hat ihn nicht abspritzen lassen. Es ist Ambrosia auf deiner Zunge und deine Zähne ergreifen das Bändchen und ziehen sanft daran. Sogleich wirst du von einem Schwall neuer Nässe und einem tiefen Stöhnen belohnt. Deine Hände ergreifen ihre Brüste und zwirbeln die Warzen. Sie stehen vor Erregung fest und hart und laden dich förmlich dazu ein, hinein zu zwicken.

„Zieh sie raus, ich möchte deinen Schwanz in mir“, wispert sie dir zu.

Ganz langsam lässt du eine Hand tiefer gleiten und es jagt ihr Schauer über den Körper. Du ergreifst das Bändchen und ziehst ganz langsam, immer dabei über ihren Kitzler leckend, die erste Kugel heraus. Die zweite lässt du auf deiner Zunge landen und mit der dritten saugst du tief ihre kleine Knospe ein und beißt sachte zu. Schnell greifst du nach ihren Hüften, um sie auf dir zu halten, als sie schreiend, den Kopf weit nach hinten geworfen, ihre Ekstase hinausschreit. Du selbst bist voller Gier, denn der

Druck in deinem Hintern, dein Schwanz, der nach Erlösung schreit, und ihr Geschmack, der dich überflutet, bringen dich an deine Grenzen. Du schiebst sie nach unten. Denn jetzt möchtest du in ihr sein und eure Schreie vermischen sich, als dein Zauberstab ihr feuchtes kochendes Lustzentrum ausfüllt. Abgestützt auf deiner Brust sitzt sie aufrecht und blickt zu dir hinunter. Du versinkst in ihren Augen. Spürst den enormen Druck in deinen After, denn mit ihrem Gewicht und deinem Schwanz in ihr lässt dich die Kette noch intensiver fühlen. Doch sie greift neben eure Körper und … wow, was hat sie jetzt wieder vor? Sie reicht dir ein Seil. Du blickst in ihr Gesicht und du siehst, dass sie an ihren Lippen herumknabbert. Sogar das macht dich tierisch an. Ok, denkst du dir. Doch auch wenn du es noch nie gemacht hast, weißt du sofort, was das für ein Seil ist. Du hast schon darüber gelesen, weil du neugierig warst, und es gibt immer ein erstes Mal. Langsam nimmst du es aus ihren Händen und wickelst es auf. Ihre Hände heben ihre Brüste und mehr Aufforderung brauchst du nicht. Erst die linke, dann über Kreuz zur Rechten. Der Anblick lässt dich erzittern, so geil sieht ihr gebundener Busen aus. Du führst das Seil zu einem ihrer Handgelenke und fixierst dieses. Nein, das zweite nicht, denkst du, denn sie braucht diesen Ausweg. Das weißt du und Sicherheit möchtest du ihr geben. Doch das hindert dich nicht daran, ihre Hand nach hinten zu ziehen und das Seil um ihren Hals zu schlingen. Ja, du weißt, was deine Süße braucht. Siehst es in ihren Augen, spürst es an der Nässe, die deinen Schwanz umgibt. Sie ist Hexe durch und durch. Es ist ein geiler Anblick und wie von selbst bewegen sich deine Hüften und stoßen gleichmäßig in sie. Plötzlich hebt sie sich herunter und du musst schnell das Seil lockerlassen, um sie nicht zu ersticken. Doch sie stöhnt nur gierig auf und legt den Hals noch weiter in den Nacken. Eine Bewegung und schon nimmt sie deinen Schwanz wieder in sich auf. Doch nun siehst du ihren Rücken und diese Position lässt dein Glied in einen besonders abgefahrenen Winkel in sie gleiten. Automatisch stellst du die Beine auf und sogleich lehnt sie sich dagegen. Ganz leicht spannst du das Seil und ihre Hand auf dem Rücken wandert höher und ihr Kopf fällt nach hinten. Viel bewegen ist nicht möglich in dieser Stellung, doch ihr Inneres, ihre von den Liebeskugeln trainierten Muskeln, kneten deinen Schwanz und die leichten Bewegungen, die diese Stellung erlaubt, geben genau die richtige Reibung, um dich höher zu jagen. Ihre freie Hand greift zwischen deine Beine. Laut knurrst du auf, als sie das Bändchen ergreift, das aus deinem After hängt, und sachte daran zieht. Es ist ein irres Gefühl, das dich ergreift, und schon merkst du die ersten Wellen, die deinen Orgasmus vorankündigen. Sie spielt mit dir, wie auf einer Geige, die schönste Melodie. Jeder Ton perfekt abgestimmt. Die Kette in deinem Hintern, ihre heiße Muschi über deinem Schwanz, die Dominanz, die Hingabe und das Vertrauen durch die Fesselung, das sie dir schenkt, all das lässt deine Empfindungen überkochen. Auch ihr Atem geht schnell und hektisch. Ihre Bewegungen werden unkontrollierter und deine Hoden drücken an ihren Schamhügel und erregen sie noch mehr. Sie ist kurz davor, du spürst das Zittern und Pulsieren in ihrem Inneren, das sich langsam aufbaut. Das jagt auch dich näher heran und die ersten Tropfen suchen sich ihren Weg aus dir heraus. Vorboten von etwas Großem. Wild werden ihre Bewegungen und nehmen dich mit, reißen dich in die Ekstase. Nun gibt es kein Halten mehr. Du straffst das Seil vorsichtig um ihren Hals und sie explodiert. Genau in diesem Augenblick, als die ersten pulsierenden Wellen dich selbst überlaufen, zieht sie die Analkette, Kugel für Kugel, aus dir heraus. Diese zusätzliche Reibung, dieser Druck, beschert dir gleichzeitig einen inneren Orgasmus und lässt dich fliegen.

Lange Zeit später liegt sie in deinen Armen. Sanft streichelt ihr euch gegenseitig. Dein Blick fällt auf den Nachttisch. Dort steht die Truhe immer noch, doch das Schloss ist verschlossen, so, als wäre es nie geöffnet worden. Doch die Nachbeben in deinem Körper und auch in ihrem, sagen dir etwas anderes.

An der Decke leuchtet ganz kurz ein lachender Smiley auf, mit einem Satz: „Lieben Gruß von der Spielehexe.“

Hinweis
Sextoys sind nicht nur für die Selbstbefriedigung geeignet, es macht besonders viel Spaß, sie zusammen mit dem Partner in das Liebesspiel einfließen zu lassen. Jeder sollte eine Toykiste zu Hause haben, es macht das Sexleben viel interessanter. Die Auswahl ist groß und nicht nur für die Frau, auch für den Mann gibt es reichliche Spielsachen.

Natürlich denkt auch an die korrekte Reinigung eurer Toyspielsachen. Doch dies sollte und muss eine Selbstverständlichkeit sein.

Also los – traut euch.

Gedanken der Lust

Es ist heiß heute Nacht. Kein Lüftchen regt sich draußen. Ich liege auf meinem Bett, die Decke zurückgeschlagen. Über mir dreht sich der Ventilator und fächelt mir frische Luft zu. Ich starre ihn an, versuche, die Windblätter zu erkennen, doch sie verschwimmen vor meinen Augen. Meine Sinne tauchen in meine Gedankenwelt ein. Wohin werden sie mich führen? Kurz nagt die Angst an mir, doch schnell ist sie vergessen, als das helle Licht erscheint und mich eine tiefe Ruhe erfasst. Ich horche in mich und scanne meinen Körper. Meine Beine liegen leicht gespreizt auf dem Bett. Ich spüre den Lufthauch an ihnen emporklettern. Es ist, als würde mich mein Hexer berühren. Ganz sachte streicht er meine Beine entlang. Wie von alleine öffnen sie sich mehr. Gleichmäßig atmend erwarte ich seine Zunge. Meine Illusion, meine Gedanken der Lust. Vorstellung kann betörend sein und die Sinne stellen sich darauf ein. In Erwartung brennt heiß das Verlangen in mir.

Meine Feuchtigkeit lässt erkennen, die Begierde schläft nie. Leicht bewegen sich meine Hüften, kaum wahrnehmbar und doch gezielt. Ich tauche tiefer ein in meine Gedankenwelt und da ist sie, ich fühle sie. Sanft leckt sie über mein Lustzentrum, wie ein Windhauch und doch so real. Diese Zunge erkenne ich unter vielen. Meine Vorstellung bringt mich zum Ziel. Das Surren des Ventilators treibt mich an, tiefer zu blicken. Die Augen geschlossen, tief drin in mir, meine geheimen Wünsche so offensichtlich. Das Spiel der Zunge heizt mich an. Ich möchte mehr als das, was ich aushalten kann. Mein Herzschlag klopft laut in meiner Brust. Meine Hände verkrallen sich und die Lust fliegt mir zu. Fester und härter macht sich die Zunge ans Werk. Leicht saugend kommen die Lippen hinzu. Erregt konzentriere ich mich auf das Tun des Hexers. Meine Sinne liegen auf meinem Mittelpunkt und doch nehme ich die Kleinigkeiten meines Umfelds wahr. Das Laken reibt an meiner Haut. Das Fenster steht offen und ein Waldkauz ruft. Der Ventilator dreht sich über mir weiter. Ich japse auf, als ich einen Finger spüre. Genau dies hat noch gefehlt auf meinem Weg der Entspannung entgegen. Ein lustvolles Spiel treibt mein Hexer mit mir. Sein Finger krümmt sich und taucht tief vor, meine Grotte begrüßt ihn und saugt ihn hinein. Ich fühle, das Kribbeln steigt hoch hinauf – Erfüllung, schreit alles in mir. Ich fliege in Gedanken der Lust und doch so real. Ja, das ist es, was Vorstellung vermag.

Meine Augen öffnen sich und in der Luft erscheint flimmernd ein Satz. „Lieben Gruß von der Hexe der Gier."

Hitze

Späte Stunde, dunkle Nacht.
Stille umgibt mich.
Nackt sitze ich auf dem Balkon.
Der leichte Wind streichelt meine Haut und
macht sie sensibel.
Es ist ein Gefühl, als würden Hände hauch-
zart darüberstreichen.
Meine Brustwarzen stellen sich auf, in Er-
wartung auf das, was kommen mag.
Wünsche, Erregung, Verlangen.
Der Whisky vor mir lacht mich an.
Ich tauche meinen Finger hinein und lass
ihn an mir hinab gleiten.

Sinnlich legt sich der Tropfen auf meine
Haut und perlt daran ab.

Der Wind treibt sein Spiel mit ihm und eine
Gänsehaut überzieht meinen Körper.
Begierde, Hitze, Ekstase.
Meine Finger gleiten tiefer, suchen den
Punkt meiner Erregung und beginnen das
Spiel.

Der Wind schluckt mein Stöhnen und nimmt mich mit auf meinen Flug der Erfüllung.

Feuer der Nacht

Es ist heiß. Viel zu heiß für die Nacht. Ich wälze mich auf dem Bett. Über mir dreht sich der Ventilator, doch Kühle bringt er nicht. Die Luft ist zu warm, das Zimmer zu aufgeheizt. Ich stoße die Decke von mir. Werfe sie aus dem Bett. Nackt liege ich auf dem Laken. Mein Blick beobachtet den drehenden Ventilator und meine Augen werden müde. Meine Gedanken wandern hinein in die Traumwelt. Alle meine Sinne jedoch werden wach. Ich spüre die Feuchtigkeit, die sich auf meinen Körper sammelt. Ist sie von der Hitze? Meine Hände wandern an meinem Körper hinab, als sie sanft ergriffen und nach oben geführt werden. Erstaunt lasse ich es zu. Ich schwebe wie im Nebel. Meine Glieder gehorchen mir nicht, die Hitze hat sie voll im Griff. Ich spüre die Hände, die meine Handgelenke sanft umschließen. Finger streichen über meinen Puls und sogleich schlägt er heftiger. In Erwartung, was kommen mag, halte ich die Luft an. „Atme, meine Hexe“, höre ich eine schmunzelnde

Stimme. Tief atme ich aus. Mein Hexer. Er ist immer da in meinen Träumen, wenn ich ihn brauche. Er wird sich um mich kümmern. Sanft legt er meine Hände neben meinen Kopf und streicht an den Armen herab. Sinnliche Schauer rieseln über meinen Körper. Ich liebe seine Hände. Sie können sanft sein, jedoch auch kräftig zupacken. Gerade jetzt brauch ich dieses Sanfte und er weiß das, ohne dass ich es sagen muss. Ich spüre seine Hände an meinen Seiten herabgleiten. Kurz streifen sie meinen Schamhügel, doch dies reicht aus, dass ich mich ihm entgegenstrecke.

Ich höre sein Lachen, tief und rau. Ich liebe diese Stimme. Sie ist männlich und schickt ein Prickeln durch mich hindurch. Er weiß genau, dass er mich ärgert. Doch ich liebe es, dieses Verspielte. Es macht mich an. Durch die Feuchtigkeit auf meinen Körper empfinde ich die Berührungen noch intensiver. Mittlerweile haben seine Hände meine Brust erreicht und umkreisen die Warzen, die sich sofort aufstellen. Ein tiefes Stöhnen gleitet über meine Lippen. Meine Haut brennt, wo er mich berührt. Wie ein Feuerstreifen spüre ich immer noch den Weg, den seine Hände bis jetzt nehmen.

„Bitte", hauche ich ihm zu. Zwischen meinen Beinen ist eine enorme Hitze, sodass ich die Beine spreize, um den leichten Windhauch des Ventilators zu spüren. Wieder erklingt dieses tiefe Lachen. Nur allein durch seine Stimme könnte ich schon kommen. Er ist meine heimliche Sehnsucht. Oft so fern und unerreichbar. Verboten, geheim und doch irgendwie mein, in meinen Träumen. Ich keuche auf, als sich seine Lippen auf meinen Schamhügel senken. Sogleich hebe ich meine Hüften und spreize noch weiter die Beine. Ich liebe seine Zunge, unvergleichlich und sinnlich. Sie streift meine Lustperle, ich erzittere und spüre den Schwall Feuchtigkeit, der aus mir dringt. Mein Atem beschleunigt sich und mein Herz schlägt Loopings. Erfüllung, schreien meine Sinne. Doch ganz sanft stimuliert die Zunge meine Lustgrotte. Jetzt könnte er langsam fester lecken, denke ich so bei mir. Doch er bleibt sanft und das regt mich nur noch weiter an. Seine Hände wandern zu meinem Po hinunter, umschließen meine Backen und heben mich seinem Mund entgegen. Sein Griff wird fester und ich stöhne wild auf. Gerne würde ich meine Hände um meine Brüste schließen, doch sie liegen wie festgebunden neben meinem Kopf. Im Traum braucht man keine Fesseln. Allein die Vorstellung bindet und ich liebe diese Art der Dominanz. Denn ich weiß, sobald ich sie bewege, wird er aufhören. Wir verstehen uns ohne Worte und bloß nicht aufhören, denke ich jetzt. Willenlos liege ich vor ihm, wie eine Opfergabe. Nein – willig bin ich schon, sogar sehr. Doch der Gedanke daran, ein Opfer seines Willens zu sein, regt mich noch mehr an. Ich spüre seine Zunge tief und seine Lippen saugen an mir. Ich spüre, wie er schluckt, und höre sein stöhnen. Er liebt meinen Geschmack, das Wissen turnt mich noch mehr an. Alles möchte ich ihm geben und ich bin kurz davor. Seine eine Hand wandert von hinten nach vorn und ein Finger dringt feste in mich ein. Er ergreift mein Bein und legt es über seine Schulter. Offen liege ich nun vor ihm. Ich kann nicht mehr ruhig bleiben. Meine Hüften strecken sich ihn, in Wildheit, entgegen. Kurz sind seine Hände weg und ich höre das Schnappen und mein Herz beginnt aus dem Takt zu schlagen. Was hat er vor? Ich spüre, wie sich eine ölige Hand auf meine Scham legt. Ganz sachte fängt er an, mich zu fisten, während er weiter meine Lustperle mit seinen Lippen bearbeitet. Wow, der Druck wird immer größer. Ich zähle die Finger, die mich erobern. Er ist sanft, das Öl macht meine Grotte geschmeidig. Ich weiß genau, was er bezweckt, und ich möchte es. Dieser Druck, das Wissen, seine Zunge an meinem Kitzler. Ich atme tief aus, lass es zu. Stemme mich gegen seine Hand. Gleich ist es so weit. Dann kommt der Punkt, als sein Handrücken in mein Inneres gleitet. Ein kurzer enormer Druck, der mich japsen lässt und gleichzeitig ausatmen. Seine Faust bildet sich und mein Körper erzittert. Er ist ein Meister darin, er weiß, was er tut. Meine ganze Haut prickelt und Schauer jagen daran herab. Lautes Stöhnen dringt aus meinem Mund.

Ruhig bleiben kann ich schon lange nicht mehr. Ich möchte sie hinausschreien, die Erlösung, wenn sie kommt. Der Drang wird immer heftiger und dann höre ich diese erotische tiefe Stimme, die mir zuflüstert: „Komm, meine Hexe, flieg."

Es ist eine Gewalt, die diese Worte auslösen. Mein Körper gehört mir nicht mehr. Wie auf einem Klavier schlägt er die Töne an und das Crescendo kocht über. Ich höre Schreie, spüre das Zittern meiner Sinne und sein Stöhnen, als er alles entgegennimmt, was ich zu geben habe. Zulassen, auskosten, fallenlassen und fliegen. Mein Herz überschlägt sich und kommt nur langsam zur Ruhe.

Ich erwache wie aus einem Nebel. Mein Körper glüht, doch ich spüre die nun kalte Luft des Ventilators über mich streifen. Langsam öffne ich die Augen. Meine Hände liegen immer noch neben meinem Kopf. Der Ventilator über mir dreht sich und im Surren der Rotorblätter höre ich leise seine tiefe lachende Stimme. „Immer in deinen Träumen, wenn du mich rufst, meine heiße Hexe."

Hinweis

Fisting, der sogenannte Faustverkehr ist auch eine Praktik, die viele verkennen. Hier ist es sehr wichtig, wenn man sich darauf einlassen möchte, darüber zu reden und sich zu informieren. Es erfordert die totale Entspannung, natürlich Vertrauen und das langsame Herantasten. Nichts überstürzen und vor allem auf die richtigen Signale des Körpers der Partnerin hören. Fisten beginnt im Kopf, je höher ihre Ekstase, desto leichter wird es. Es kann zur Passion werden und in enormer Geilheit zu wahnsinnigen Orgasmen führen, bei denen man sogar noch zusätzlich squirtet. Bei den ersten Versuchen sollten nur ein paar Finger nacheinander eingeführt werden und ganz wichtig ist die natürliche Scheidenflüssigkeit, damit die Muskeln nicht verkrampfen. Hilfreich sind hier auch Öle und Gleitmittel. Beim Fisting führt man langsam gestreckt einen Finger nach dem anderen in die Vulva ein, bis zum Schluss die ganze Hand folgt. Dann ballt man sie im Inneren zur Faust. Kurze Fingernägel und kein Schmuck sind

Voraussetzung und natürlich ist ein einfühlsamer Partner das A du O.

Kopfchaos

Verlangen, Hitze, Gier.
In meinem Kopf herrscht Chaos.
Ich schließe die Augen und tauche hinein.
Du zwischen meinen Beinen.
Sinnlich streicht deine Zunge über meine Lustgrotte.
Gefühle erwachen in mir.
Verlangen, Hitze, Gier.
Wunschträume, nicht real, und doch fühle ich sie.
Die Feuchtigkeit spricht für sich.
Erlösung, schreit mein Herz und stolpert.

Mein Atem beschleunigt sich und ich fliege.
Vorstellung kann so intensiv sein.

Verlangen, Hitze, Gier.

Der Tag erwacht

Erregt wachst du langsam auf. Die Augen noch geschlossen, spürst du deinen Schwanz, der tief in einen Mund eingesaugt wird. Laut stöhnst du auf. Eine Hand ergreift deine Schwanzwurzel. Legt sich fest darum. Eine weitere Hand ergreift deine Hoden und zieht sie nach unten. Die Lippen wandern an die Eichel und der Tanz beginnt. Sinnlich und zart massieren sie die dünne Haut im Gleichtakt. Die Zunge umkreist immer wieder den Kopf und stimuliert das sensible Bändchen an der Unterseite. Der Griff um deine Hoden festigt sich. Die Augen fest verschlossen, nagelt dich die Hand ans Bett. Der Druck, das Ziehen wird größer und du stöhnst auf. Gefühle durchströmen deinen Körper. Es ist pure Wonne, durchzogen mit einem leichten Schmerz, den du jedoch willkommen heißt. Ein leichtes Schauern rinnt über dich. Ist es ein Traum oder Wirklichkeit? Deine Hände krallen sich neben deinen Körper ins Laken. Egal ob Traum oder Wirklichkeit, koste es aus. Der Tanz um deine Penisspitze jagt dir eine Gänsehaut über den Körper. Sie verlagert ihren Griff, greift höher und du spürst, wie ihr Daumen den Eichelrand massiert und der Zeigefinger über die Penisspitze streicht. Ab und zu streicht dieser mit festem Druck über dein Bändchen. Es macht dich verrückt und du bist so kurz davor zu kommen. Dann kommen wieder ihre Lippen zum Einsatz. Deine Hüften heben sich ihr entgegen, doch sie gibt nicht nach und stimuliert weiter nur diese sensible Haut deiner Eichel. Ihre Zunge übernimmt nun die Aufgabe des Zeigefingers und fährt feste am Bändchen entlang. Wow, wenn sie deine Eier nicht so festhalten würde, würdest du jetzt spritzen. Der Druck ist enorm.

Schweiß bildet sich auf deiner Haut. Der Drang, sich zu ergießen wird größer. Das Zittern deiner Glieder wird stärker. Nicht umsonst wird das Bändchen an der Eichel „Magic Point“ genannt. Sie beherrscht ihr Spiel. Du vernimmst ein Knurren, ein lautes Stöhnen. Doch das bist du selbst. Deine Beinmuskeln spannen sich an und du möchtest die Beine hochziehen, so stark wird der Druck. Ihre Hand an deinen Hoden fasst nach und hält sie nun fest in der Faust. Gezogen nach unten, sodass dein Schwanz straff und die Eichel frei liegt. Ihre Lippen saugen nun kräftiger und die Zunge umschmeichelt dich in harten Kreisen. Es geht nicht mehr, zu viel, zu heftig. Wenn sie noch einmal dein Bändchen berührt … und da ist sie. Feste streift die Zunge am Bändchen entlang und gleichzeitig spürst du ihren Daumen am Eichelrand. Deine Hoden glühen in ihrer Faust. Laut schreiend ziehst du die Beine an, als das Pulsieren beginnt. Noch kannst du nicht spritzen, sie hat immer noch deine Hoden fest im Griff. Heiß, es brennt in dir. Dann öffnet sie langsam die Hand und dein Sperma kann fließen. Ekstase, Erlösung, Schmerz gemischt mit Erleichterung macht sich breit. Doch dein Schwanz ist immer noch straff und in Schüben spritzt dein Saft in ihren Mund, wobei sie weiter mit der Zunge, die nun hypersensible Haut deiner Eichel stimuliert. Schauer der Erregung jagen durch deinen Körper, es will gar nicht enden. So heftig bist du noch nie gekommen. Dein Atem überschlägt sich und dein Herz rast. Deine Hände sind im Laken verkrallt und du merkst den leichten Schmerz in deinen Fingern. Immer noch zuckt dein Schwanz. Straff gezogen steht er noch. Langsam lösen sich die Finger um deine Hoden und lassen sie frei. Ein letztes Streifen der Zunge lässt dich erzittern, dann sind sie weg, die Hände und der Mund. Du löst eine Hand vom Laken und greifst nach unten. Halb steif liegt dein Schwanz zwischen deinen Beinen. Heiß und klebrig fühlt er sich an. Deine Augen öffnen sich und blicken hinab. Oberhalb deines Schwanzes erscheint ein lachender Smiley. Darunter der Satz: „Gruß von der Guten-Morgen-Hexe."

Hinweis

„Magic Point“ wird das kleine Bändchen genannt, das sich an der Unterseite des Penis befindet und die Vorhaut verbindet. Es ist eine der sensibelsten Zonen des Mannes. Die Stimulation der Eichel in Verbindung mit der Reizung des Bändchens kann zu einem enorm langen und starken Orgasmus führen. Ein Blowjob der besonderen Art. Anleitungen dafür gibt es genug, die werde ich euch hier nicht erläutern. Also, wenn ihr auf besondere Art verwöhnen wollt oder verwöhnt werden wollt, dann recherchiert. Der „Magic Point“ ist sozusagen die Klitoris des Mannes. Probiert es aus und, meine Herren, selbst bei der Selbstbefriedigung werdet ihr sehen, dass es eine ganz neue Erfahrung wird.

Hexen sind willig

Die Hexe ist willig, die Hexe ist geil, die Hexe ist geboren im Feuer von Raum und Zeit.

Gebunden und voller Verlangen nimmt sie an, was ihre Begierde stillen kann.
Die Feuchtigkeit rinnt aus ihr heraus, die sie vor Begierde nicht halten kann.
Wie Lava so heiß, brennen ihre Sinne und voller Wonne, nimmt sie an, all das, was sie bekommen kann.

Unterwürfig wird sie sein, ihr Herr gibt an und weiß, was sie ertragen kann.
Erregung, Erwartung treibt sie voran, auf dass sie bald in ihrer Gier fliegen kann.

Hexen sind verspielte Wesen, in ihrer Art sich frei bewegen und stehen zu dem, was sie sind, solange es Lust und Ekstase bringt.

Hexen reiten

Der Tag war lang. Die Arbeit stressig. Eigentlich magst du gar nichts mehr machen. Am liebsten auf die Couch legen und einfach vor dich hindösen. Doch du hast deinen Plan ohne deine Hexe gemacht. Schon piept dein Handy. Schaust du drauf oder ignorierst du es? Nein, die Neugier siegt. Du liest, was sie dir geschrieben hat, und deine Augen werden größer. „Hallo, mein Hexer. Die heiße Hexe hat Lust zu reiten."

Du liest diesen Satz zweimal. Was sollst du antworten? Deine Lippen verziehen sich zu einem Grinsen. „Nimm deinen Besen", schreibst du mutig zurück. Sogleich kommt ein Smiley zurück, der die Zunge rausstreckt, mit der Frage: „Sitzt du auf der Couch?" Was will sie jetzt wieder?

„Ja", antwortest du und wartest.

„Stell dir vor, ich schwinge meine Beine über dich, meine Knie neben deinen Seiten, und senke meine heiße Muschi langsam auf deinen Schaft. Ganz langsam und sinnlich. Du siehst meine Brüste vor deiner Nase, die ich dir mit meinen Händen entgegenstrecke."

Sogleich ist dein Phallus in Bereitschaft. Kopfkino aktiv. Du schreibst zurück: „... Und dann?"

Lange kommt nichts. Was ist jetzt los? Dann das Piepen der eingehenden Nachricht. „Moment, stecke gerade die Liebeskugeln rein."

Hastig atmest du aus. Die verrückte Hexe wieder. Es macht wieder ping. Schnell öffnest du den Chat. Ein Bild prangt dir entgegen. Sie hat doch tatsächlich ihren Schlitz fotografiert mit einem kleinen Cowboyhut davor und dem Satz. „Na, immer noch keine Lust? Möchte reiten, heiß, tief und heftig."

Dir wird heiß und nun überlegst du nicht mehr lange, springst auf, als die nächste Nachricht eintrudelt. „Tief nehme ich ihn in den Mund, wenn ich vor dir knie."

Du spürst ihre Lippen um deinen Schaft. Du schreibst nur ein Wort zurück. „Hexentanz." Euer Codewort. Kaum ist es gesendet, kommen lachende Smileys zurück mit dem Satz: „Hab ich dich. Komm reiten."

Ja sie hat dich am Haken und von deiner Müdigkeit ist keine Spur mehr vorhanden. Wenige Kilometer trennen dich von ihr, doch du überwindest sie im Eiltempo. Sie erwartet dich an der Tür, lachend, schmunzelnd. Das ist deine Hexe, immer lächelt sie verschmitzt. Sogleich greifst du nach ihr und verschlingst sie. Deine Zunge duelliert sich mit ihrer. Deine Klamotten verteilen sich in der Wohnung bis zur Couch. Dort beugst du sie darüber und schlingst die Arme um sie. Dein Schwanz steht, wie ein Soldat, stramm von dir ab und versenkt sich direkt in ihre heiße Muschi. Sie ist immer bereit. Feucht, sobald sie dich sieht. Du brauchst nicht erst anzutesten. Laut vermischt sich ihr Stöhnen mit deinem. Zuhause, denkst du nur. Wenige Stöße und du verspürst den Drang abzuspritzen, doch das möchtest du nicht. Also hältst du dich zurück, drehst sie um und drapierst dich zwischen ihren Beinen. Ihr Geruch strömt dir entgegen und macht dich noch gieriger. Hitzig senkst du deinen Mund auf ihre Lustgrotte, greifst ihren Po und hebst sie dir entgegen. Ihr Stöhnen spornt dich an.

Eine deiner Hände wandert nach vorn und deine Finger stoßen in sie. Du weißt genau, was sie gerne hat, und es dauert nicht lange, dann wirst du belohnt. Sie spritzt in Ekstase, alles für dich. Gierig nimmst du es entgegen, schluckst und stimulierst weiter. Sie quiekt und ihr Herzschlag überhaspelt sich. Dann schiebt sie dich von sich und sagt nur ein Wort, bestimmend, tief. „Setzen."

Du richtest dich auf und sie macht dir den Platz frei. Kaum sitzt du, schwingt sie ihre Beine über dich. Dein Phallus ist genau vor ihrem noch schlüpfrigen Eingang und ihre Titten sind vor deinem Gesicht. Du liebst diese Brüste. Sie sind natürlich, nicht zu stramm, weich und ideal groß für deine Hände, die sich sogleich darüberlegen. Sie schaut dich an. Wie immer grinsend, mit diesem verruchten Lächeln. Langsam senkt sie sich herab. Du spürst ihre nasse Muschi an deiner Spitze. Ganz sachte dringt sie ein. Doch dann stoppt sie und du möchtest sie tiefer drücken, doch sogleich sagt sie: „Nein, jetzt bin ich dran."

Okay, denkst du dir. Sie fängt an, sich zu bewegen. Doch immer nur so, dass gerade deine Eichel in sie rutscht. Die Stimulation ist sinnlich und raubt dir kurzzeitig den Atem. Dein Blick fängt ihren ein und lässt dich schmunzeln. Sie lächelt immer noch. Immer lächelt sie. Sie genießt dies genauso wie du. Sanft drückst du ihre Brüste, als sich ihr Mund auf deinen legt und sie nach unten rutscht. Dein Aufstöhnen fängt sie in ihrem Mund auf. Ihre Hände wandern auf deine Schultern, als sie ihre Füße, neben deine Hüften, auf die Couch stellt. „So, mein Hexer, und nun gibts einen wilden Ritt", haucht sie dir zu. Sie senkt sich auf dich und die Stellung lässt sie eine schnelle Gangart vorlegen. Ihre Grotte flutscht nur so über deinen Schaft.

„Nimm meinen Hals", flüstert sie dir zu.

Ja, das ist deine Hexe, ihr Kick. Du greifst mit einer Hand nach oben und umschließt ihren Hals. Dehnst ihren Kopf etwas zurück und hältst sie so in Position. Laut schreit sie auf und ein Schwall Feuchtigkeit benetzt deinen Schwanz. Du selbst kommst ins

Schwitzen. Das Bild, das sich dir bietet, ist hinreißend und erotisch. Ihr wippender Busen, die Augen weit aufgerissen und der Mund leicht geöffnet. Deine Hand an ihrem Hals, leicht zudrückend. Deine andere Hand greift nach einer von ihren und verschränkt sich mit ihr. So kannst du sie stabiler halten. Doch lange hältst du es nicht mehr aus. Dein Schaft schreit nach Erlösung und ein Zittern rast durch deinen Körper. Wer hier lauter stöhnt, lässt sich nicht mehr unterscheiden. Der Ritt wird wilder und der Blick in ihre Augen sagt dir, dass es gleich so weit ist. Ungezügelt kannst du nicht mehr warten und als die ersten Schübe deines Spermas in sie fließen, hörst du sie aufschreien und die Zuckungen, die deinen Schwanz melken, zeigen dir an, dass auch sie fliegt. Dein ganzer Körper scheint ein Eigenleben zu führen. Es ist fast Schmerz, als du dich ergießt. So kraftvoll und heftig. Ihre Stirn legt sich an deine und ihre Beine senken sich, sodass sie wieder neben dir kniet. Japsend, nach Atem ringend, umschließt ihr euch. Deine Lippen streifen ihre und beruhigend streichst du über ihren Rücken. Du spürst ihr Lächeln, obwohl sie immer noch schwer atmet. Kein Wort kommt über ihre Lippen. Sie genießt genau wie du ihre Erfüllung, die Nachbeben. Langsam runterkommen. Zwischen deinen Beinen vermischt sich eure Nässe. Doch das ist egal. Wichtig ist dieser Augenblick, diese Stille, die nach dem Ausbruch erfolgt. Diese zu genießen, in sich hineinzuhören, zu fühlen, zuzulassen das Zittern, das die Glieder überfällt. Diesen Moment der Schwäche, der Schwerelosigkeit aufnehmen und erleben. Das ist es, was das Ganze perfekt macht. Es bedarf keiner Worte, wenn die Hexe mit ihrem Hexer zusammen ist.

Außer ein leises Flüstern in der Stille: „Lieben Gruß von der wilden Hexe."

Dominanz

Berauschend, erregend.
Die Fesseln an meinen Händen – willenlos gebunden.
Seine Hand an meinen Hals – gestreckt und ausgeliefert.
Meine Brüste gebunden – aufrecht stehend und straff.
Mein Mund – verschlossen durch ein Seidenband.
Seine Augen blicken in meine – festhaltend, Sicherheit gebend.
Dominanz ist niemals bedrängend.
Sich führen lassen – zu wagen – vollkommen zu vertrauen.
Das ist Dominanz.

Bestreben

Sehnsuchtsvoll klopft mein Herz und meine Gedanken wandern in eine andere Dimension. Tief hinein in einem Wirbel gefangen und doch so fern. Ist es normal, diese Sehnsucht nach Begierde? Das Verlangen nach körperlicher Erfüllung? Meine Hände streicheln meinen Körper, der auf der Couch liegt. Langsam sinke ich in die bezaubernde Welt meiner Fantasie.

Ein zartes Tuch bedeckt meinen Körper. Der Deckenventilator bewegt es leicht und sinnlich streicht es über meinen Körper. Meine Augen fest verschlossen, erwarte ich die Befehle, die mein Bestreben erfüllen. Ich spüre eine Hand, die mein Bein über den Couchrand zieht und nach unten stellt. Mein anderes Bein stellt sich auf und legt sich über die Lehne. Offen liege ich da und die kalte Luft streift meine Feuchtigkeit. Meine Hände verharren auf meinem Busen. Sogleich werden sie mit festem Griff nach oben gezogen und hinter meinen Kopf gelegt. Es streckt mich, macht mich noch offener. Dann spüre ich sie. Lippen an meinem Bauch, die sich einen Weg nach unten bahnen. Meine Hüften werden unruhig, doch sogleich werden sie festgehalten. Ich liebe diese dominante Stärke, dieses Halten und sogleich rinnt ein Schwall Feuchtigkeit aus mir. Eine Hand wandert an meine Kehle, legt sich fest darum und streckt kurzzeitig meinen Hals mit Druck nach oben. Ein tiefes Stöhnen entkommt meinen Lippen. Ich merke, wie sich ein Orgasmus in mir zusammenbraut, und das, obwohl ich noch nicht mal an meiner Mitte berührt wurde. Sanft fühle ich den Finger, der über meine Halsschlagader streicht und versucht, sie zu beruhigen. Tief atme ich aus und nehme in diesem Augenblick wahr, wie sich eine Hand fest gegen meinen Venushügel presst und ein Finger in meine schlüpfrige Spalte eindringt. Meine Saiten sind zum Zerreißen gespannt und eine Gänsehaut fegt über meinen Körper hinweg. Erlösung, schreit alles in mir. Ich möchte die Augen öffnen, ihn sehen, in seine Augen blicken, darin versinken. Doch ich weiß, öffne ich sie, ist mein

Traum weg und ich liege alleine hier. Mein Körper zittert und ich strecke mich der Hand entgegen. Meine ganze Seele schreit nach Ekstase. Ich möchte dieses Kribbeln spüren, das meinen ganzen Körper durchfährt. Das Gefühl zu fliegen, weit weg, hinaus ins Universum, wo die Welt voller Energie und Freude ist. Der Druck der Gier in mir steigt ins Unermessliche. Meine Seele ist glücklich und das Wissen, gleich in die Dimension der Erfüllung einzutreten, macht sie leicht, und eine Zufriedenheit legt sich über sie. Meine Saiten erklingen. Mein Atem stockt. Mein Herz schlägt kräftig in meiner Brust. Ich lebe, ich liebe und ein Lachen bricht aus mir heraus. Genau in diesem Augenblick bricht alles in mir. Die Begierde und damit verbundene Ekstase bricht heraus. Mein Schrei, mein Lachen, meine Erlösung hallen im Zimmer wider.

Langsam finde ich den Weg in die reale Welt zurück. Mein Traum – meine Leidenschaft. Mein Smiley, der mir an der Decke entgegen leuchtet: „Gruß von der Wünschehexe."

Verbrennen

Mich quält eine Sehnsucht, ein Verlangen in mir.
Lebensgefühl, schreit es laut, obwohl Dunkelheit durch meine Sinne zieht.

Ich möchte Ekstase erleben, fliegen wie im Sturm.

Unruhe rauscht durch meinen Körper, es ist ein falsches Gefühl.

Überdecken möchte ich es mit Leidenschaft und Hitze.

Verbrennen möchte ich mich im Rausch des sinnlichen Feuers.

Der Drang nach Lebensgefühl schreit laut hinaus, doch das Ziel ist so weit entfernt.

Die Hexe sprudelt vor Leben, doch im Innern brennt ein Feuer, das sie verzehrt, denn einsam kämpft sie mit der Last der

Welt, ihre Seele schreit, doch die Ekstase
ist so weit.

Sie streckt die Arme in den Himmel, mit ei-
nem Lächeln ruft sie empor:
Ich bin frei!
Doch Flammen lodern zu ihren Füßen und
bannen sie in ein verzehrendes Licht.

Magisches Lachen

Deine Augen noch geschlossen, liegst du auf dem Bauch zwischen den Laken. Deine Arme unter dem Kopf verschränkt. Deine Gedanken fliegen weit, als du die Berührung von Fingern spürst, die über deinen Rücken wandern. Sogleich rinnen Schauer an dir herab und du genießt es, dieses sachte Streicheln. Deine Augen öffnen sich leicht und du blickst tief in die Augen deiner Hexe. Sie nehmen dich gefangen. Du siehst Sehnsucht und Hoffnung, jedoch auch Trauer und Einsamkeit. Sie schimmern feucht und du senkst deinen Blick, schießt die Augen. Warum tust du es? Warum blickst du nicht tiefer hinein? Warum heilst du nicht die Sehnsucht? Die Finger streicheln dich und ihr Körper presst sich gegen deinen. Vollkommen, denkst du, doch zugeben würdest du es nicht. Leicht kratzen die Nägel an dir hinab und das Gefühl gibt dir Ruhe und Entspannung. Dein Atem geht gleichmäßig. Du fühlst dich wohl. Du fühlst dich beachtet und geliebt. Plötzlich wird das Streicheln intensiver, knetender, mit der ganzen Handfläche. Unbemerkt stockt dein Atem und deine Beine spreizen sich leicht, um den Zugriff zu gewähren. Dein Phallus regt sich unter dir und lechzt nach Aufmerksamkeit. Langsam jedoch streifen die Hände deine Pobacken und rutschen nur kurz dazwischen. Ein Flüstern erklingt nahe deines Ohrs. „Dreh dich um."

Wie magisch rollst du dich auf den Rücken und verschränkst die Arme hinter deinem Kopf. Die Augen sind noch fest verschlossen. Warum öffnest du sie nicht? Warum blickst du nicht in die Augen, die dich betrachten? Die Finger wandern nun an deiner Vorderseite entlang. Immer tiefer, dorthin, wo dein Schwanz sich schon den Augen entgegenstreckt, jedoch du selbst nicht hineinblicken möchtest. Er hat keine Angst, er ist bereit, ohne lange zu überlegen, und geht das Wagnis gerne ein. Als sich die Hände fest darum schließen, entweicht dir ein Stöhnen. Du spürst den Blick deiner Hexe im Gesicht brennen, bevor er sich senkt. Doch deine Augen bleiben zu. Die Angst, darin zu versinken, ist zu groß. Auch wenn du es nicht siehst, kennst du den genauen Augenblick, als sich ihr Kopf senkt und dich tief zwischen ihren Lippen nimmt. Dir entweicht dein Atem und sie beginnt ihr Spiel. Ganz sachte streift sie über deine Eichel. Hält dabei deinen Schwanz gestreckt. Sie stimuliert nur diesen Teil von dir. Schauer rinnen durch deinen Körper, du genießt und du verstehst nicht, was sie genau macht, nur dass es ein megageiles Gefühl ist, das du auskosten möchtest. Immer und immer wieder. Sie bringt dich an den Rand der Ektase, lässt dich dort zappeln, hält dich zurück und legt von Neuem los. Immer rechtzeitig drückt sie auf deinen Jen-Mo-Punkt, dass es zur Qual wird. Sie reizt dich aufs Äußerste und sie genießt es in vollen Zügen. Du riechst den Duft ihrer eigenen Erregung. Es macht sie selbst an, wenn sie dich verwöhnt. Langsam bringt sie dich an deine Grenzen. Du möchtest Erfüllung, fliegen, den Druck loswerden. Deine Lippen bilden die Worte zwischen deinem Stöhnen hindurch. „Reite mich."

Kurz spürst du den Verlust, als ihre Lippen von dir lassen und sie sich über dich schwingt. Du hörst ihr leises Lachen, als sie sich langsam auf dich niederlässt. Du spürst ihren Blick, der wie heiße Flammen deine geschlossenen Lider trifft, und ihre Feuchtigkeit, die dich empfängt und deine Schenkel benetzt. Zuhause, denkst du. Doch warum sprichst du es nicht aus? Dein Schweigen, ihre Sehnsucht brechen dich fast entzwei, als sie beginnt dich zu reiten. Deine Hände fassen nach ihren Hüften, erhöhen den Druck und ihr Stöhnen vermischt sich mit deinen. Sie hat dieses unvergleichliche lachende Keuchen, die Erkenntnis, dass sie knapp vor ihrem Höhepunkt steht, und auch dir rennt das Kribbeln über den Rücken, genau in deine Hoden. Fest presst du die Augenlider zu, denn ihr Blick würde dich verbrennen, lichterloh in Flammen aufgehen lassen. Hast du Angst vor der Sehnsucht, die darin liegt? Sie würde dich zu nichts zwingen. Sie wartet und trägt die Hoffnung in sich, bis du bereit dafür bist. Für ihren Blick kann sie nichts, ihre Augen sprechen die

Wahrheit, nichts anderes, denn es liegt in ihrem Wesen, dass sie offen und ehrlich ist. Die ersten Zuckungen ihrer Grotte reißen dich mit. Deine Augen öffnen sich, als du ihr Lachen hörst. Dieses Hexenlachen, das dich immer wundert. Warum lacht sie in Ekstase? Lacht sie dich an oder aus? Dein Blick wird gefesselt von diesen Augen, die dich sogleich gefangen nehmen und nicht mehr loslassen. Die Augen lachen dir voller Sehnsucht entgegen. Doch du siehst auch die Traurigkeit darin, die Einsamkeit. In ihrem Schrei liegt die Verletzlichkeit, die Hoffnung auf das Ganze. Doch bist du bereit? Was hält dich zurück? Langsam klingt die Melodie der Begierde von dir ab und deine Hexe trennt euren Blick und legt ihren Kopf an deinen Hals. Dein Körper ist erhitzt und du merkst ihre Tränen nicht, als sie ihren Kopf in deinen Nacken kuschelt und du sanft über ihren Rücken fährst. Warum sprichst du das Wort nicht aus? Was hält dich zurück? Hexenlachen ist voller Sehnsucht und Einsamkeit, benetzt mit Tränen. Gerade noch fühltest du ihren weichen

Körper auf dir, doch plötzlich ist da nur Luft und deine Hände, die gerade noch ihren Rücken streichelten, fallen auf deinen Körper. Erschreckt blickst du an dir hinab.

Auf deinem Bauch erkennst du einen Smiley. Du blickst genauer hin. Ein Satz steht dort.

„Hexen wählen aus dem Herzen und sie lachen nur dem Hexer entgegen, für den ihr Herz schlägt."

Hinweis

Der Jen-Mo-Punkt, auch Millionen-Dollar-Punkt genannt, befindet sich zwischen Hoden und Anus des Mannes. Erkennbar ist der Punkt an seiner leichten Vertiefung. Wenn man zur rechten Zeit hier Druck ausübt, fließt sein aufsteigendes Sperma wieder zurück. So kann man den Orgasmus kontrollieren. Auch wenn das Sperma nicht entweichen kann, bleiben die Muskelkontraktionen nicht aus, so erlebt der Mann gefühlsmäßig einen Orgasmus, kann jedoch weiter „performen“.

Verwoben

in meinen Fantasien,
liegst du vor mir.

Enthemmt

Entblößt

Entbunden vor Erwartung.

Ich beginne ein sinnliches Spiel.

Es flutet meine Gedanken und lässt meine
Säfte fließen.

Die Macht der Vorstellung, die Macht der
Gier, die Macht, zu sein – ist es, die das
Ganze vollständig macht.

Träume nicht dein Leben

Sinnlich wandern die Gedanken in ein fernes Land, wo Träume in Erfüllung gehen und das Lebensgefühl noch nicht verbannt. Meine Fantasie wandert weit, hinein in Welten der Begierde und Lust, die ich erleben möchte. Zwischen meinen Schenkeln bildet sich Feuchtigkeit bei dem Gedanken. Ich spüre Hände, die meinen Körper verwöhnen. Höre Lachen, das mein Stöhnen durchbricht. Ich wünsche mir eine Zunge, die zwischen meinen Schenkeln ihr Werk vollbringt. Sogleich ist sie da und voller Genuss labt sie sich an meinem Verlangen. Die Beine gespreizt liege ich da. Meine Hüften in Bewegung in Erwartung auf mehr. Ich seufze, ich stöhne, mein Schreien dringt aus mir heraus. In Träumen muss man nicht schweigsam sein. Träume nähren unsere Lust. Die Vorstellung bringt den Genuss. Ich stelle mir vor, wie Finger in mich dringen und meine Nässe aus mir rinnt. Meine Lustgrotte empfängt sie voller Gier, saugt sie ein und lässt sie nicht mehr los. Denn schamlos erwarte ich den Flug. Die Kunst beherrschen nicht viele, dass die Ekstase aus mir fliest. Doch im Traum leite ich ihn an und mein Körper passt sich dem Verlangen an. Ein Kribbeln überzieht meinen Körper, als die Nässe aus mir dringt. Ich schreie, lache es hinaus, das Gefühl ist der Wahnsinn und bringt mir so viel. Verlegenheit gibt es nicht, denn die Traumwelt kennt das nicht. Man sagt abzuspritzen als Frau, ist eine Kunst, doch wisst ihr was, das Loslassen ist so leicht, wenn die Finger ihr Spiel verstehen. Es ist ein unsagbar geiles Gefühl. Es ist fliegen, Freiheit und unbeschreibliche Lust. Freiheit möchte ich spüren und fliegen, immer wieder fliegen und in meiner Traumwelt wird es geschehen, weil ich es zulasse. Weil ich es möchte, und ich nehme dies mit in meine reale Welt. Spreche meinen Wunsch aus. Was habe ich zu verlieren, als ein Nein zu hören? Wünsche aus unserer erotischen Traumwelt im realen Leben umzusetzen bedarf der Kommunikation. Ich möchte es live erleben, Fliegen, die Freiheit und Ekstase spüren. Meine Traumwelt führt mich, lässt mich fühlen und spüren. Lässt mich meine geheimen Wünsche im Kopf erleben. Sie heizt mich an, macht mich gierig. Ich fühle Hände, die nicht da sind, und trotz allem geben sie mir viel. Eine Zunge beherrscht ihr Spiel, auch wenn sie nicht real ist. Doch all das will ich live erleben, voller Gier strebe ich danach. Gebunden möchte ich sein, willenlos ausgeliefert. Halt mich fest, schreit mein Herz. Ist es abartig oder schlecht, diese Wünsche zu haben? Nein, es ist Leben in höchster Form. Um sexuelle Wünsche auszuleben, bedarf es Vertrauen. Schenke ich dieses Vertrauen, indem ich es ausspreche, zeige ich meinem Partner an, dass er ein Teil meiner Welt ist. Es geht nicht nur um Sex, es geht um Gefühle, um Begierde, um Lust, um Verlangen um Geben und Nehmen und um das Gefühl zu leben.

Träume nicht dein Leben, lebe deine Träume.

Die Traumhexe ist immer bei dir.

Sinnlicher Morgen

Wenn früh am Morgen die Hexe erwacht,
sie als Erstes an ihren Hexer gedacht.

Sie streckt sich und reckt sich und wünscht
sich herbei eine Zunge, die sie verwöhnt
und ihr nimmt die Feuchtigkeit, die aus ihr
rinnt.

Voll heißen Verlangens, die Sehnsucht sehr
groß, lässt sie ihre Hände wandern in der
Not.

Die Augen geschlossen, die Gedanken flie-
gen weit, ihre Finger im Meer der Lustbar-
keit.

Es bedarf nicht viel, die Gier ist groß und
sie schwebt mit einem Aufschrei empor.

Ihr Herzschlag beschleunigt, ihr Atem ge-
brochen, hebt sie die Hand voll erlebter
Wonne.

Ihr Blick öffnet sich und sie sieht voller Lust, die Nässe an ihren Fingern ein Genuss.

Ihre Zunge kostet voller Begierde die Ekstase, die sie erlebte und mit der ihr Hexer in Gedanken sie quälte.

Die Macht der Befehle

Woran hast du gedacht? Dass dein Schwanz in deiner Hose strammsteht? Hast du Fantasien, die dich erregen? Nimm sie und sprich sie aus. Sag, was du willst, gib die Befehle und lass sie befolgen. Schau ihr in die Augen und sprich mit ihr.

Du sitzt auf der Couch, sie kommt rein und wirft dir einen Blick zu. Sage bestimmend: „Knie dich zwischen meine Beine, jetzt."

Wenn sie stutzt, wiederhole es. Lass sie spüren, dass du die Macht hast. Nicht flüsternd, lege deine ganze Begierde hinein in deine Worte. Sie muss deine Erregung hören. Ihr Blick wird sich erst zu deinen Augen wenden und dann nach unten. Wenn sie auf dich zukommt, blicke sie bestimmend an. Wiederhole deinen Befehl, flüsternd, leise jedoch mit Druck. Sie wird sich zwischen deinen Beinen niederlassen und warten. Dann musst du reagieren. „Öffne meine Hose, hol ihn dir." Halte dabei ihrem Blick stand. Es ist ein Spiel. Lass sie merken, dass du spielen möchtest. Befehle können so erregend sein. Für sie genauso wie für dich. Hebe deine Hüften und erleichtere ihr den Zugang. Sie wird warten, auf deine nächste Anweisung. Doch glaube mir, auch sie ist schon erregt und feucht zwischen ihren Beinen. Befehle haben Macht, die Macht der Gier. „Streichle ihn mit deiner Zunge", wäre die nächste Anregung. Nicht „blas mir einen" oder „nimm ihn in den Mund". Präzise Befehle. Führe sie durch deine Wünsche und Vorstellungen. Jeder kleine Schritt ist ein einzelner Befehl. Ihr Herz wird rasen und ihre Sinne geschärft. Du alleine bestimmst, was sie macht, und auch, was sie fühlt. Der Klang deiner Stimme zeichnet aus, ob sie dir folgt. Rede sanft, jedoch mit Nachdruck. Rede offen über deine Wünsche, jedoch gib nicht nach. Frage sie dazwischen: „Macht es dich an? Erregt es dich?" Lobe sie, wenn sie deinen Befehlen Folge leistet. Unterdrücke nicht deine Gefühle. Lass es raus, stöhne, schreie, sporn sie an. Deine Begierde wird ihre sein. Sie wird dir folgen. Ist ein Befehl nicht richtig ausgeführt, sag es und korrigiere sie. Vergiss in deiner anschwellenden

Ekstase nicht, wen du da vor dir hast. Wer dir Freude schenkt. Zeige ihr die Liebe, die Akzeptanz, die Lust, die in dir schwelgt. Du kannst das Spiel drehen. Deine Befehle sind ihr Verlangen. Befiehl ihr, zu schweigen, während du ihre Lustgrotte fingerst. Der Druck des Schweigens wird die Feuchtigkeit in ihr um einiges erhöhen. Du hast die Macht, eure gemeinsame Begierde zu stillen. Denke immer daran, der Ton macht die Musik. Befehle sind kraftvoll und erregend und machen das Spiel der Liebe zu etwas besonders Intensivem.

Schau mal zur Zimmerdecke. Dein Blick geht nach oben und dort erscheint ein lachender Smiley mit dem Satz: „Na, leg los, auf was wartest du noch? Lieben Gruß von der Befehlshexe.

Hexenschrei

Liebe das Leben, sei bereit, wenn die Hexe
ihre Magie in die Welt schreit.
Sie hebt die Arme dem Mond entgegen, ihr
Körper erzitternd wie im Gewitter.
Der Wind erhebt sich und greift sie an,
doch nichts erschüttert sie, in ihrem Bann.
Die Lust strömt aus ihr heraus und verbin-
det sich mit dem Orkan, wie in einem Tanz
auf dem Vulkan.
Begierde, Leidenschaft und Verlangen strö-
men aus ihr heraus, auf der Suche nach ih-
rem Hexer ins Universum hinaus.
Ihre Sehnsucht, ihr Schrei ist voller Eks-
tase, sie sinkt zu Boden, die Augen mit Trä-
nen benetzt.
Ihre Magie ist erschöpft, doch ein Funke in
ihr brennt weiter und wartet auf ihren He-
xer hier.
Geführt will sie werden in die unendliche
Ekstase, das Lebensgefühl erleben, das sie
braucht, um kraftvoll in ihrem Inneren zu
leben.

Unterwerfung

Ich stehe in der Küche, als meine Hand ergriffen wird. Schaue auf, in Augen, die mich tief ansehen. „Komm mit." Zwei geflüsterte Worte und doch weiß ich, was sie bedeuten. Widerstandslos lass ich mich führen. Vor dem Bett bleiben wir stehen.

„Auf die Knie."

Ich zögere kurz, doch ein Druck an meiner Hand lässt mich nach unten sinken. Mit gesenktem Kopf knie ich vor ihm, wartend, still. Meine Hand wird losgelassen.

„Hebe deinen Kopf."

Ich folge dem Befehl und vor mir sehe ich seinen Phallus, den er in der Hand hat, doch mein Blick geht höher in seine Augen. Tief versinke ich darin.

„Zieh dein Oberteil aus und lege deine Arme hinter deinen Rücken."

Ich folge seiner Stimme. Ich habe keinen BH an und dadurch, dass ich meine Arme nach hinten lege, sind meine Brüste gespannt. Sein Blick senkt sich darauf und ich sehe das Glitzern in seinen Augen. Es gefällt ihm, was er sieht, das erfreut mich und schickt Wärme in meinen Bauch. Ich möchte ihm gefallen.

„Berühre meine Eichel mit deiner Zunge."

Mein Blick senkt sich, ich lecke mir über die Lippen und starre auf seinen Schwanz, den er vor mein Gesicht hält. Mein kurzes Zögern lässt seine Hand auf meinen Kopf fallen und er ergreift meine Haare. „Jetzt."

Ich spüre seinen Griff in den Haarwurzeln. Er ist fest, bestimmend und trotz allem ist da eine kleine Gegenwehr in mir. Langsam senke ich meinen Kopf und meine Zunge fährt über seine Eichel. Sofort wird der Druck auf meinen Kopf fester. Ich höre sein aufstöhnen und spüre, wie mir die Feuchtigkeit zwischen die Beine fährt. Immer wieder umkreist meine Zunge seine Eichel, dann kurz über den Rand unterhalb und über das Bändchen etwas fester.

Er hält seine Vorhaut straff gespannt. „Nimm ihn in den Mund, tief."

Meine Stellung, kniend mit den Armen auf dem Rücken, sein Griff in meinem Haar, lässt mir nicht viel Spielraum. Er kommt mir entgegen, als ich meinen Mund öffne und meine Lippen ihn aufnehmen. Seine Hüften drücken ihn tief hinein. Kurz zucken meine Arme, wollen nach vorne und sich abstützen. Doch sofort merke ich den festen Griff in meinen Haaren. „Nein, halt still."

In meinem Inneren weiß ich, dass er mir nicht wehtun würde, doch der Drang ist groß und mein Herz schlägt wild in meiner Brust. Kurz erfasst mich Panik, als er seinen Phallus tiefer zwischen meine Lippen schiebt. Ich vergesse das Atmen.

„Atme durch die Nase, du kannst das", höre ich sein Flüstern.

Es ist nicht leicht, sich zu beruhigen, doch ich folge seinen Anweisungen. Ziehe die Luft durch meine Nase in mein Inneres. Er berührt meine Kehle mit seiner Spitze und ich gerate kurz in Panik. Doch sofort wird seine Hand in meinen Haaren sanfter und streichelt darüber. Beruhigend, Sicherheit gebend. Sein Penis zieht sich leicht zurück, um von Neuem langsam tiefer zu gleiten. Ich höre sein Stöhnen. Es macht ihn an. Meine Zunge streichelt ihn und ich kämpfe mit mir, gegen den Würgereiz, der mich erfasst. Ich atme wild durch die Nase. Doch immer, wenn es fast überhand gewinnt, zieht er sich zurück. „Pssst, ruhig, du schaffst das."

Meine Sinne legen sich auf die Nässe zwischen meinen Beinen. Es macht mich an, ihm zu gefallen, und lenkt mich ab, um mich zu entspannen.

„Schluck." Ein Wort und meine Kehle schluckt. Das Gefühl, zu ersticken, jagt Adrenalin in meinen Körper. Doch der Griff in meinen Haaren lässt mich nicht zurückweichen.

„Ruhig, bleib ruhig, du schaffst das."

Worte, leise, begleitet von einem tiefen Stöhnen, beruhigen mich sofort. Das Wissen, dass er bei mir ist, denn er würde mir nicht wehtun, legt sich in meine Seele und sanft rinnen mir Schauer über den Rücken. Meine Arme sind verkrampft. Das hatte ich noch gar nicht gemerkt. Sie schmerzen nun leicht und auch meine Knie machen sich bemerkbar. Doch auch diesen Schmerz lasse ich zu. Sein Schwanz zieht sich zurück, um gleich wieder tief einzudringen. Meine

Kehle liegt offen und ohne Kommando schlucke ich. Ihm zu gefallen, ist für mich ein Muss. Doch mein Atem geht hastig durch meine Nase.

„Du machst das gut, Kleine. Noch einmal schaffst du es."

Kaum hatte er es gesagt, weicht er etwas zurück und stößt tiefer und fester zu. In meinen Augen bilden sich Tränen und meine Arme zucken. Doch ich schaffe es und werde mit seinem tiefen knurrenden Schrei belohnt. Dann ist er weg. Mir laufen die Tränen über die Wangen und ich spüre seine Finger an meinen Wangen, die sie auffangen. Beruhigend, still. Mit gesenktem Kopf knie ich immer noch vor ihm. Hastig nach Atem schnappend. Doch auch ein Gefühl der Zufriedenheit, des Stolzes, ist in mir und ich lechze danach, dass er mich nun belohnt. Das Adrenalin in meinen Körper ist hoch aufgestiegen und hat mich so feucht gemacht, dass meine Hose durchnässt ist. „Steh auf."

Meine Arme gehen nach vorne. Sie schmerzen, denn ich habe sie unwissentlich verkrampft. Meine Knie wollen nicht richtig und er hilft mir auf. Ich begrüße den Schmerz.

„Leg dich aufs Bett."

Dankbar lege ich mich, denn meine Beine wollen mich nicht tragen. Er öffnet sofort meine Hose und reißt sie mir von den Beinen. Nackt und ausgebreitet liege ich vor ihm. Sein Blick senkt sich und ich schaue in seine leuchtenden Augen. Noch immer hat er seinen Schwanz in der Hand und wichst ihn leicht. „Beine breiter."

Sogleich folge ich seinen Befehl.

„Arme über den Kopf."

Ich kann nicht anders, als zu folgen. Aus mir läuft es heraus, ich brauche seine Zunge, lechze danach. Als er sich mit dem Kopf zwischen meine Beine senkt, stöhne ich wild auf und hebe ihm meine Hüften entgegen. Sofort drückt er sie mit seinem Körper hinunter.

„Nein, lieg still."

Oh Gott das halte ich nicht aus. Ich wehre mich dagegen und bekomme einen harten Schlag auf meine Muschi dafür. Meine

Beine ziehen sich an. Das tat weh. Doch direkt danach spüre ich seine Finger in mich eindringen. Seine Zunge nimmt meinen Kitzler und fährt rau und fest darüber.

„Du kleine geile Sau stehst darauf, wenn ich dich in die Kehle ficke", höre ich seine Stimme. Es macht mir nichts aus, wenn er mich so nennt. Im Gegenteil, es zeigt mir, dass es ihn auch nicht kalt lässt. Diese derbe Aussprache gehört dazu. „Ja, mein Dom", antworte ich, denn das erwartet er von mir. Seine Finger dringen tief in mich ein, schnell, wild stoßend. Ich weiß nicht, wie viele, doch ich kann nicht mehr ruhig liegen. Bewegen kann ich mich auch nicht. Bin gefangen in diesem Gefühl und eine Gänsehaut überzieht meinen Körper. Meine Glieder zittern und dann ist es so weit. Ich jammere, schreie, fliege und spüre, wie Flüssigkeit in einem Sturzbach aus mir rinnt.

„Genau so. Überschwemme mich, gibt mir alles, meine Schlampe."

Ich flehe ihn an aufzuhören, es ist viel zu viel, doch er kennt keine Gnade. Meine Schreie werden lauter, mein Kopf bewegt sich wild auf dem Bett, mein Herz schlägt in meiner Brust. Dann noch mal dieses Zittern, das meinen ganzen Körper ergreift, als ich ein weiteres Mal spritze, mein Körper loslässt und mich in die Ekstase führt. Ich spüre seinen Mund, wie er die Nässe aus mir saugt.

„Dreh dich um." Ein wilder Befehl, eine Dringlichkeit in seiner Stimme. Meine Glieder gehorchen, obwohl ich das Gefühl habe, dass sie nicht mehr zu mir gehören. Ein harter Griff an meine Hüften, eine Hand in meinem Rücken, die mich hinunter drückt. Mein Kopf liegt seitlich auf dem Bett, meine Arme, auf die ich mich gerade noch gestützt habe, knicken ein. Wieder fixiert er mich bewegungslos ans Bett. Meine Beine werden auseinandergerissen und sogleich spüre ich seinen dicken Phallus an meiner nassen Grotte. Keine Zeit für Erwartungen, denn hart und tief stößt er hinein und uns beiden entweicht ein lauter Schrei. Eine seiner Hände in meinen Nacken, die andere klatscht feste auf meine Arschbacke. Das Brennen lässt mich aufstöhnen. Der Druck auf meinen Nacken macht mich wehrlos und doch bin ich megageil, möchte, dass er mich wild nimmt. Mein Wunsch wird erfüllt. Hart, tief und schnell.

„Wer ist dein Meister?“, dringt seine Stimme atemlos an mein Ohr.

„Du, mein Dom, nur du“, japse ich ihm entgegen. Ich fühle, wie sein Phallus in mir noch mehr anschwillt, und auch ich bin kurz davor.

„Härter, mein Dom. Gib mir deinen starken, großen, versauten Schwanz“, schrei ich ihm wild entgegen. Ich weiß, dass er es braucht. Verbale Anfeuerungen. Er wechselt einen Millimeter sein Eindringen und alles zieht sich in mir zusammen. Pulsierend und schreiend komme ich und nehme ihn mit. Ihn zu hören, wie er seine Erlösung hinausschreit und zu spüren wie sein heißes Sperma in mir pulsiert, lässt meinen Orgasmus noch mal intensiver werden. Sein Zittern vermischt sich mit meinem. Ich knicke ein, er liegt auf mir. Sein Gewicht drückt mich auf das Bett. Doch ich sage nichts. Ich bekomme kaum Luft, doch ich liebe diesen Druck auf mir. Seinen Körper, ermattet, heftig atmend. Ich spüre sein Herz gegen meinen Rücken schlagen, wild und hektisch. Sein Atem kitzelt meinen Nacken und zwischen meinen Beinen laufen unsere Säfte vermischt aus mir heraus. Egal, ich genieße es. Diesen Augenblick, das Herunterkommen, wenn der Körper sich langsam beruhigt. Sachte merke ich, dass er meine Kehle streichelt, und ein Finger fährt über meine Wange. Nimmt eine Träne auf. Ich habe gar nicht gemerkt, dass ich weine. Warum? Glück, Vertrauen, Freude, Emotionen die sich so einen Weg nach draußen suchen. Langsam rollt er von mir herunter, zieht mich sofort in seinen Arm, streichelt sanft über meinen Rücken. Ich kuschle mich an ihn. Will gehalten werden. Meine Kehle schmerzt noch etwas und ich schlucke. Seine Hand fährt zu meinem Hals und legt sich auf meine Gurgel. „Danke." Ein Wort und Wärme fließen in mich.

Ich weiß, ich hätte jederzeit Stopp sagen können. Doch ich wollte ihm gefallen und er hätte nichts gemacht, wozu ich nicht bereit gewesen wäre.

In Gedanken höre ich ein leises Lachen. „Lieben Gruß von der Vertrauenshexe."

Hinweis

Dirty Talk, sogenanntes schmutziges Reden, hat einen schlechten Ruf. Man denkt an kitschige Schimpfwörter. Es heizt jedoch die Stimmung an und zeigt die Erregung des Partners. Versucht es mal und hier ist alles erlaubt, kein Zurückhalten. Es muss nicht gleich schmutzig sein. Antasten, schon einfache verbale Sätze wie z. B. „du bist megageil“ oder „ich möchte dich lecken“ reichen, bevor man in die Vollen geht wie z. B. „meine geile Schlampe“. Baue es ruhig schon ins Vorspiel ein. Es muss nicht alles grob und schlampig sein. Man darf es auch nicht persönlich nehmen, es ist nur für diesen besonderen Augenblick. Achtet auf eure Stimmlage, vermeidet, dass eure Stimmlage abfällig und beleidigend klingt. Verbeißt nicht die Worte, die ihr gerne aussprechen möchtet, sonst seid ihr befangen und könnt es nicht richtig genießen.

Dominanz geht nur mit dem absoluten Vertrauen. Unterwürfig sein, Befehle zu folgen, sich führen zu lassen, ist keine Erniedrigung. Es ist eine Macht, die beide Seiten ausleben, und es muss immer ein Spiel bleiben, das beide gerne spielen. Jeder in der von sich bedachten Rolle.

Sich unterwerfen setzt absolutes Vertrauen voraus. Unterwerfung kann sehr erregend sein für beide Partner. Egal, wer den dominanten Part übernimmt und wer den devoten, denkt immer daran, es ist ein Spiel. Wichtig ist hier auch der Ausklang. Gemeinsam zurückfinden, kuscheln und liebkosen. Redet ruhig darüber. Erzählt eurem Partner, was besonders geil war und was nicht so sehr. Nur so kann das nächste Mal noch intensiver werden. Es gibt immer eine Steigerung.

Geheime Wünsche

Tief schlummert Erregung in unseren Seelen.
Von uns versteckt und nie entdeckt.
Wir lieben und lachen in unserem Leben und doch bleibt unser Inneres oftmals unentdeckt.
Wir schweigen und frusten uns durch unsere Lebenszeit, dabei könnten wir in Sinnlichkeit schweben.
Sexuelle Zufriedenheit ist eine Kunst. Doch können wir diese erlangen, wenn wir reden und nicht schweigen und hin und wieder zu unserem Verlangen stehen.
Es ist wichtig für unser Wohlbefinden, lässt uns Leichtigkeit und Freude empfinden.
Die Traumwelt ist zwar wunderbar, doch die Realität ist unschlagbar. Drum traut euch und geht es an. Es gibt nichts, was nicht möglich sein kann.

Nachwort/ Danksagung

Ein besonderer Dank geht an den Autor Walter Penfine, der mich mit seiner offenen, ehrlichen Meinung bekräftigt hat, mich in dieses Genre hinein zu schreiben und mir als Testleser mit seinen Erfahrungen zur Seite stand.

Seine Meinung: „Du hast da was ganz Besonderes geschrieben. Ein Buch, das schwer einzuordnen, aber absolut lesenswert ist. Es ist kein Erotikbuch im Sinn von Sexliteratur. Es ist auch kein Ratgeber, dazu ist es zu persönlich und emotional geschrieben. Es ist eine Mischung von alledem. Es gibt tolle Anregungen, ohne belehrend zu sein, es erregt und facht oft genug das Kopfkino und die Erregung an und ist doch kein Erotikroman. Es ist ein Ideengeber, würde ich sagen. Dazu die Aufforderung, es nachzumachen, sich zu trauen und Neues auszuprobieren. Ganz besonders gut fand ich die Ideen mit den Hexensmileys von der jeweiligen Hexe – das macht es auch einzigartig.

Ich kann dir nur ganz ehrlich dazu gratulieren und drücke die Daumen, dass es viele lesen – und nachmachen!“

Ein großes Danke an den Rediroma-Verlag (www.rediroma-verlag.de) für eine weitere nette und korrekte Zusammenarbeit

Ein Danke an die Leser/innen, die sich getraut haben, dieses Werk zu lesen. Wenn es euch gefallen hat, empfehlt es weiter.

Ich würde mich freuen, wenn Ihr auf meinen Buchseiten ein ehrliches Feedback zurücklassen würdet.

Kontakt über:
Instagram: Doris_von_Rabenstein
oder www.regine-sonnleitner.de